PUEBLOS Y GENTES

El Renacimiento

Editorial Bruño

Para esta edición:
© EDITORIAL BRUÑO
Marqués de Mondéjar, 32.
28028 Madrid.
ISBN: 84-216-1148-8
Depósito legal: M-26457-1989
Impreso en España - Printed in Spain
Impresión: MELSA.
Fotocomposición y fotomecánica: SERVIGRAFINT.

Indice

Lo que debes saber sobre EL RENACIMIENTO

Los comienzos del Renacimiento

A finales de la Edad Media, en los siglos XII y XIII, se incrementó de una forma muy notable el comercio. Al principio, se centraba en las ferias de comerciantes del Mar del Norte que bajaban al Sur, y de sus colegas del Sur que subían al Norte. Este circuito comercial fomentó no sólo el enriquecimiento de los feriantes, sino también el de las ciudades donde se celebraban los mercados y el de las zonas productoras de materias primas y objetos artesanales.

En las ciudades más enriquecidas gracias al comercio, comienza a darse un proceso de independencia frente a los poderes tradicionales, el Papado y el Imperio. Se abre el marco de una nueva cultura, la del Renacimiento.

A finales del siglo XIII el Renacimiento puede considerarse configurado en varias ciudades del norte de Italia como Pisa, Florencia, Siena o Venecia. De todas ellas, destacan las repúblicas de Florencia y Venecia, verdaderas cunas del Renacimiento. Florencia, situada en la región de la Toscana, se adelanta al resto de Italia. En su época de esplendor, fue gobernada por la familia Médicis. De Florencia salieron casi todos los artistas y eruditos del Renacimiento.

La República de Venecia era la única capaz de hacer sombra a la de Florencia. Por su situación geográfica, pronto se convirtió en un importante centro comercial marítimo y terrestre. Venecia, que tenía bases comerciales y territorios fuera de Italia, era gobernada por un *dux*, o duque, de cargo vitalicio.

En este mundo de comerciantes, característico de finales de la Edad Media y comienzos del Renacimiento, la escala

de valores cambia y la religión va perdiendo terreno frente a la vida civil. A esto se añaden los graves problemas de la Iglesia en esa época: el Gran Cisma (1378-1417), el traslado de la Curia a Aviñón (Francia) durante todo el siglo XIV, etc.

La nueva sociedad renacentista busca nuevas aficiones: las artes plásticas romanas y los manuscritos clásicos griegos y latinos, llegan en gran número a Italia tras la caída de Constantinopla (1453). Esta fecha es tan importante que muchos historiadores la toman como punto de partida del Renacimiento y hasta de la Edad Moderna. En este mismo momento se produce el exilio masivo de muchos eruditos griegos que buscan refugio en Italia.

El contacto con la cultura clásica da lugar al fenómeno del *Humanismo*, movimiento intelectual y cultural característico del Renacimento.

Retrato del dux *Leonardo Loredan (por Giovanni Bellini,* izquierda*). Ciudad renacentista en una pintura de Fra Angelico* (abajo). *Retrato de un joven (por Sandro Botticelli,* abajo, *derecha)*

La importancia de los clásicos

En cuanto a la cultura, el Renacimiento es extraordinariamente rico. En esa época asistimos al redescubrimiento e interpretación de los textos clásicos, labor que constituye una parte fundamental de la aportación del Humanismo. El estudio del hombre llegó a ser el principio esencial del Humanismo, ya que los clásicos (los socráticos, sobre todo) se dedicaron a la investigación del hombre como individuo y como centro del mundo, tesis muy distinta de las especulaciones teológicas de la Edad Media. Los humanistas adoptaron como lema «Nada humano me es ajeno», frase del escritor latino Terencio.

Fueron precisamente los escritores clásicos quienes marcaron el inicio de la nueva moda, influyendo en los géneros li-

terarios, en los temas y en la forma. Homero, Platón y Aristóteles, entre los autores griegos, y Virgilio, Cicerón y Tito Livio, entre los latinos, inspiraron a los literatos renacentistas.

El Renacimiento reaccionó contra la literatura medieval (contenido y forma a la vez) y fijó un nuevo culto a la belleza. No a la belleza espiritual y divina, como en la Edad Media, sino a la humana, la belleza de la vida terrenal y de la naturaleza. Estos nuevos principios sirvieron también para el resto de las artes.

Uno de los temas favoritos del Renacimiento es el de la mitología clásica. A través de los textos griegos y romanos, el humanista evoca un marco ambientado en Arcadias idílicas, pastores en los campos junto a los ríos, o bosques frondosos. Este paisaje es el favorito de la época y supone una revalorización del elemento «naturaleza», olvidado en la Edad Media.

Además del tema de la naturaleza, el tema del hombre constituye el otro gran eje de la atención renacentista. El interés suscitado por las artes plásticas romanas, y en especial por la escultura, conlleva un apasionamiento repentino por el estudio de las formas del cuerpo humano y su anatomía: así se explican los abundantes desnudos, tanto masculinos como femeninos, en pintura o escultura, dentro del arte de la época.

Los eruditos humanistas

A fines del siglo XV, la palabra *humanista* se utilizaba para designar a un profesor de humanidades. Muy pronto ser humanista se convirtió en una profesión, y los humanistas profesionales se dedicaron a instruir a los jóvenes.

El programa de este tipo de estudios se basaba en los llamados *studia humanitatis*, que constaban de varias materias, como historia antigua, filosofía moral, retórica, etc. Los *studia humanitatis* fueron concebidos por Petrarca, hijo de un exiliado florentino.

El ideal humanista consistía, entre otras cosas, en lograr la perfección del hombre en cualquier campo del saber: del arte de la guerra a las técnicas comerciales; de las tácticas políticas a la filosofía, pasando por la esgrima o la danza.

El humanismo italiano fue esencialmente un fenómeno literario e intelectual, y su principal objetivo, el estudio de la literatura de la antigüedad clásica. En sus comienzos, el humanismo nace alejado de la política, sin pretensiones de poder. Es más, Petrarca y otros humanistas del siglo XIV recomendaban la vida solitaria y contemplativa como única forma de alcanzar la sabiduría.

Pero, desde principios del Renacimiento, los humanistas profesionales se relacionaron estrechamente con las familias

Retrato del Papa Julio II (por Rafael). Suplicio de Savonarola y sus compañeros en la plaza de la Señoría de Florencia (centro). *Fiesta renacentista según una miniatura de la época* (derecha)

aristócratas y burguesas. Con las clases dirigentes, como diríamos hoy. Y la razón hay que buscarla en la dedicación de los humanistas a la docencia: eran, en efecto, profesores de la mayoría de los jóvenes de las clases altas.

Pero no sólo se dedicaban al estudio. También desempeñaban importantes cargos oficiales como, por ejemplo, el de canciller. Era cometido de los cancilleres escribir cartas y discursos oficiales, por lo que acabaron influyendo mucho en la política de la época. En Florencia se da el caso de que hubo un período en que los altos cargos de la Cancillería sólo eran ocupados por humanistas profesionales.

En el Renacimiento se ponen de moda los círculos y academias literarios, a los que acuden escritores y eruditos de toda Europa para estar al tanto de las nuevas corrientes literarias. Entre esos círculos refinados y cultos, destacan los Médicis, en Florencia; el del Papa León X, en Roma; el de la familia Sforza, en Milán; y el de los Gonzaga en Mantua: familias nobles, burgueses y comerciantes con grandes fortunas, que gustaban rodearse de artistas e intelectuales. En ocasiones, servían de *mecenas* a muchos de ellos. Los mecenas son personas que se encargan de apoyar económicamente a los jóvenes artistas con talento en sus primeros pasos: corren con sus gastos para que puedan dedicarse tranquilamente a la creación artística sin más preocupaciones.

El papel de la cultura

En cada época se ha resaltado el valor creciente a la cultura. A finales de la Edad Media, las escuelas y Universidades se multiplicaban en todos los países. Basta citar el ejemplo de Francia, que en el año 1300 contaba con cinco universidades, y con diecisiete en 1500.

Hacia 1460 la palabra «humanista» comenzaba a utilizarse con el único sentido de «profesor de latín o griego». Ambas lenguas, y el hebreo en tercer lugar, fueron objeto de profundo estudio en todo el Renacimiento (frente a la Edad Media, volcada sólo en el latín). Con ocasión de la caída de Constantinopla, llega a Italia un gran número de griegos, que, en su mayor parte se dedicaron a la enseñanza de su idioma.

Al aumentar el nivel de estudio de las lenguas y el número de traducciones, la antigua filología medieval se renovó, principalmente, gracias a la figura de Lorenzo Valla, entre otros. Como es sabido, la filología consiste en el estudio profundo y riguroso de las lenguas (de ella formaban parte, por tanto, el latín y el griego).

Pero el panorama cultural del Renacimiento se renovó espectacularmente gracias a la imprenta. Este artilugio comenzó a utilizarse en Maguncia (Alemania) hacia 1450, para extenderse en seguida a los demás países de Europa. La imprenta permitió la difusión de las nuevas ideas humanistas, la creación de muchas

bibliotecas e, incluso, de colecciones particulares de libros. Desde entonces, lejos de solicitar la copia de un libro a un copista especializado, gracias a la imprenta, los libros corrían de mano en mano con bastante facilidad. Muchos empezaron a comprar y leer libros por puro placer o interés, no como parte de su profesión. Y al aumentar los hábitos de lectura, creció también el número de libros editados.

No obstante, lo más importante no es la cultura en sí misma, ni tanto el papel de los eruditos humanistas, sino que, lo verdaderamente importante, es el «movimiento de ideas» que entonces se pusieron en marcha: de ellas nacieron muchos traductores, bibliófilos (aficionados a los libros), profesores extranjeros, impresores (los actuales editores), libreros y otros mil especialistas o aficionados. Todos impulsaron el movimiento que conocemos hoy con el nombre de Humanismo, pero que para ellos era una manifestación de las nuevas ideas, necesarias para el progreso.

Las manifestaciones literarias

Una de las características de los humanistas y eruditos renacentistas era su ca-

pacidad para dedicarse a varias disciplinas a la vez (incluso con éxito). Así, varios de los literatos famosos de la época pasaron también a la historia como intelectuales eruditos.

Uno de ellos, Francesco Petrarca (1304-1374), figura en los manuales de literatura por las poesías de su «Cancionero». Pero su labor de erudito es más amplia que la puramente literaria, aunque menos conocida. Petrarca fue un excelente crítico y corrector de textos, que formó una biblioteca incomparable para la época: contenía innumerables textos latinos, además de dos volúmenes fundamentales: las obras de Platón y de Homero en griego.

Petrarca da nombre a una corriente literaria, el *petrarquismo*, que servirá de inspiración a todos los poetas renacentistas.

En la primera fase del Renacimiento, que se desarrolla a lo largo del siglo XIV, destaca también Boccaccio, que se dedicó a la literatura y a la erudición y que tiene un mérito considerable: llevar a Italia a Leoncio Pilato, que introdujo la lengua griega en Europa occidental, donde era prácticamente desconocida. Juntos, Boccaccio y Pilato impulsaron, en primer lugar, la enseñanza del griego en Italia. Como literato, Boccaccio destaca por *El Decamerón*, que es un conjunto de cuentos cortos, escritos con

una enorme fuerza y vivacidad, y que todavía hoy son considerados como auténticamente modélicos en su género.

En cuanto a los tratados de vida privada, Baltasar Castiglione expone en su obra *El cortesano* (1528), el ideal de hombre renacentista: aquel que consiga reunir conocimientos intelectuales, artísticos y prácticos. Un compendio de perfecciones, en resumidas cuentas. Pero la perfección no podía referirse a un solo campo del saber; había que demostrarla tanto en el saber como en la conducta: es la época de los buenos modales, de las actitudes civilizadas, etc. Los humanistas son los *homines novi* (hombres nuevos): exquisitos, cultos, refinados, guerreros, literatos, diplomáticos y buenos ciudadanos, todo a la vez.

Otro renacentista famoso, Nicolás Maquiavelo, ha pasado a la historia por su obra *El príncipe* (1513), tratado sobre la política y el poder. Maquiavelo escribió este libro con pleno conocimiento de causa, pues había ocupado un alto cargo en la Cancillería florentina, que tuvo que abandonar por culpa de los vaivenes de la política. Escribió, además, una obra sobre el historiador latino Tito Livio. Pero en *El príncipe*, que es una profunda reflexión sobre los orígenes del poder y la estructura del mismo, fue el primero en sostener la idea de la política como saber científico, como disciplina en sí misma.

De izquierda a derecha: *Madonna Senigallia (por Piero della Francesca). Retrato de una joven (por El Bronzino). Cúpula de Santa María del Fiore, Florencia, obra de Brunelleschi. Personajes renacentistas en una pintura de V. Carpaccio.*

El Renacimiento y las artes

Las artes plásticas ocupan uno de los lugares preponderantes del período renacentista. En ellas se distinguen varias fases, ligadas siempre a importantes centros de producción artística, las grandes capitales italianas: Siena, Florencia, Roma y Venecia.

La primera fase se desarrolla en Siena

y se conoce como Trecento (1300), aunque no ocupa todo el siglo, pues pronto pasa a dominar el panorama artístico Florencia, a lo largo del Trecento y el Quattrocento. En la segunda mitad del siglo XV, comienzan a gobernar en Florencia los Médicis, familia de nobles que impulsa la creación artística y financia muchas de las obras que se emprenden en la ciudad. Bajo su dominio Florencia vivirá la etapa de mayor esplendor, que se reflejará directamente en el arte.

A comienzos del siglo XVI el centro artístico por excelencia pasa a ser Roma, en parte gracias al apoyo del Papado. El dominio romano dura, aproximadamente, hasta el año 1530.

Paralelamente a Florencia, Venecia consigue reunir un buen número de artistas desde la segunda mitad del siglo XIV hasta comienzos del XVI.

A causa de las guerras de Italia (que terminaron en 1538), los artistas emigraron y llevaron los principios artísticos renacentistas a toda la Europa occidental. Puede hablarse ya de decadencia en esta segunda mitad del siglo XVI. A continuación vendrán el manierismo y el barroco.

Como en literatura, en arte también se evoca el culto a la antigüedad clásica. Se estudian e imitan los modelos griegos y romanos, que servirán de base a las creaciones renacentistas. La naturaleza, el cuerpo humano y las técnicas propias de cada disciplina (dibujo, leyes de perspectiva, etc.) son objeto de estudio. Se realizó una profunda renovación en todas y cada una de las artes.

La *Arquitectura* tuvo, desde el principio, carácter profano, al contrario de lo que sucedía en la Edad Media con el románico y el gótico: dos estilos representados por iglesias y catedrales. La arquitectura renacentista surgió en una ciudad en la que el gótico casi no había penetrado: Florencia. Por el contrario, en las ciudades de las grandes catedrales, herederas de la Edad Media, la arquitectura civil del Renacimiento se introdujo con dificultad.

A lo largo del siglo XV, la ciudad de Florencia se llena de edificios que reflejan una nueva forma de entender las proporciones y volúmenes del arte clásico. El mejor ejemplo es la Catedral, también llamada iglesia de Santa María del Fiore, en la que colaboraron a lo largo de casi dos siglos varios arquitectos: Brunelleschi y Ghiberti, entre ellos.

En las primeras décadas del siglo XVI Roma es el centro artístico de Italia. La

obra más célebre de este período (y la más famosa) es la basílica de San Pedro del Vaticano. El proyecto corrió a cargo del arquitecto Donato d'Angelo Bramante, que terminó los planos en 1506. La basílica la concluyó Miguel Angel Varios años después. Ejemplos de arquitectura profana o civil de este período son el Palacio Grimani y la Biblioteca de San Marcos, ambos en Venecia.

La *Pintura* no sólo se cultivó en Italia, sino también en zonas «limítrofes» como Flandes y Alemania, donde aumenta el interés por la pintura de caballete.

Las características de la pintura del siglo XV en Italia son muy variadas, y van del *sfumato* o difuminado de Leonardo da Vinci y la elegancia de Botticelli al equilibrio de la composición de Mantegna y Perugino o la pureza del dibujo en Verrochio.

En el siglo XVI el centro de la pintura se sitúa en Roma, que sorprende por su grandiosidad; Tiziano y Tintoretto, en cambio, representan a Venecia. Su pintura llama la atención por el dominio del color y de la luz.

Otros dos centros pictóricos importantes de la época son Flandes, donde se pintan especialmente retratos, paisajes, interiores y escenas religiosas, y Alemania, con las pinceles de Durero y Lucas Cranach, entre otros.

Leonardo da Vinci nació en Anchiano, pequeña aldea próxima al pueblo de Vinci, en 1452. Es el representante por excelencia, del primer período del Renacimiento.

Al igual que su coetáneo Miguel Angel, se dedicó a varias artes a la vez, encarnando al hombre prototipo del Renacimiento. (Los humanistas son polifacéticos, es decir, que dominan varias ramas del saber).

Leonardo entendía de astronomía, arquitectura, anatomía, plantas o inventos diversos. Aunque es conocido por sus pinturas y dibujos, fue también arquitecto, escultor, ingeniero, científico..., todo un sabio. Captó rápidamente las nociones del humanismo y se convirtió en su representante más universal. La figura de Leonardo ha suscitado muchísimo in-

Estudio de la cabeza de Cristo (por Leonardo da Vinci, izquierda*). Santa Ana, la Virgen, el Niño y el cordero (por Leonardo da Vinci,* centro*). Detalle de una pintura de Rafael (Museos Vaticanos)*

terés; muchos críticos e historiadores le han considerado un adelantado de su tiempo, y casi todos están de acuerdo en afirmar que es el primer artista moderno.

Leonardo da Vinci comienza a pintar en Florencia, pero, más tarde, la abandona para viajar por toda Italia (a Milán y a Roma, sobre todo) y Francia. Precisamente en este país, en la ciudad de Amboise, muere en 1519.

Se conservan bocetos y dibujos de Leonardo que dan muestra de sus múltiples intereses: estudios de anatomía, caballos; diseños de cañones y otras máquinas guerreras; apuntes sobre geología, teoría de las artes, el vuelo de los pájaros, etc. Pese a ello, al hablar de Leonardo todos pensamos en el genio pintor.

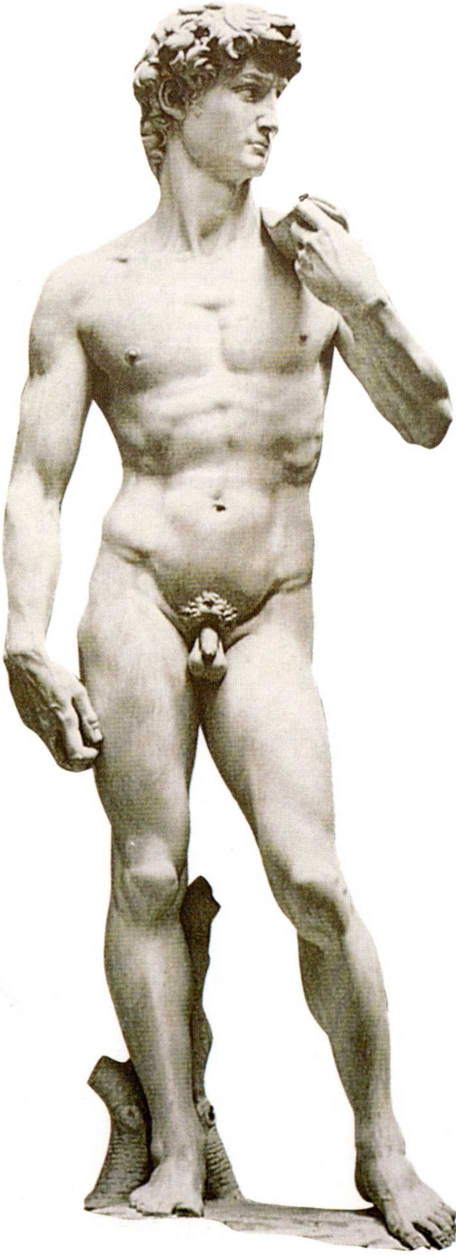

Por desgracia, su producción pictórica fue escasa y muchas de sus obras se han perdido o no están acabadas. Algunas de las más famosas son: la *Adoración de los Reyes Magos*, de 1481 (sin terminar); la *Ultima Cena*, de 1497; *La Gioconda* (llamada *Mona Lisa*), de 1503; numerosas Madonnas (vírgenes), etc.

Miguel Angel Buonarrotti es otro gran protagonista del Renacimiento. Nació en 1475 y murió en 1564, pasó en

Roma los años de mayor esplendor de la ciudad, alrededor de 1500.

La obra cumbre de Miguel Angel es la decoración del techo de la Capilla Sixtina, encargo del Papa Julio II, que Miguel Angel comenzó por la bóveda. En esta primera fase se sirvió de temas del Génesis y de las figuras de los profetas y de las sibilas. Posteriormente, entre 1524 y 1541, terminó la decoración con el *Juicio Final*, una de las obras maestras de la pintura de todos los tiempos.

Pero Miguel Angel era también polifacético y la Historia del Arte le reserva un lugar de honor por sus esculturas: a él se deben las más importantes del Renacimiento. De entre todas caben destacar las expresivas *Piedades* de Florencia y Roma; el *David*, perfecto estudio de anatomía; la estatua sedente de *Moisés;* los monumentos funerarios de Juliano y Lorenzo de Médicis, etc.

Miguel Angel consiguió perfeccionar la escultura de figuras aisladas, uno de los logros fundamentales de las artes plásticas en el Renacimiento.

La *Escultura* de la época también se inspiró en los modelos de la tradición clásica. Gracias a los nuevos conocimientos anatómicos, las esculturas del cuerpo humano se hicieron más perfectas. Como el resto de las artes plásticas, la escultura se centró en el individuo, en la belleza del cuerpo humano.

Al igual que la arquitectura, las primeras muestras escultóricas se dieron en Florencia. Las características principales eran la expresividad y la perfección formal.

La obra maestra del primer período está representada por las puertas esculpidas de la catedral de Florencia, obra de Ghiberti. Son dos puertas de paneles de bronce dorado, sobre los que se han esculpido diversos episodios del Antiguo Testamento. Este peculiar tipo de escultura recibe el nombre de bajorrelieve. Al ver esta obra, Miguel Angel dijo de una de ellas que podía servir de puerta del Paraíso.

De izquierda a derecha: *David (por Miguel Angel). Banquete renacentista. Dibujo de la Virgen (por Leonardo). Detalle de una pintura de Miguel Angel en la Capilla Sixtina. Retrato de Federico de Montefeltro (por Piero della Francesca,* abajo*)*

Con respecto a la escultura del segundo período, su mayor exponente es Miguel Angel, cuyas obras acabamos de citar.

El ocaso del Renacimiento

El Renacimiento se extendió al resto de los países europeos, casi con un retraso de cincuenta años en Francia, España, Inglaterra y Portugal. Llegó también a los Países Bajos, Alemania, Rusia, etc., aunque el «epicentro» siempre estuvo localizado en Italia.

Y en Italia sobrevino el final, relacionado directamente con los vaivenes de su política. Hasta el año 1500, aproximadamente, Italia estaba configurada en numerosos Estados, más o menos grandes y poderosos. Las repúblicas de Florencia y Venecia eran sólo dos de ellos. Pero a partir de dicho año Italia comenzó a ser víctima de las potencias extranjeras. El rey Luis XII de Francia, por ejemplo, adquirió por entonces el título de duque de Milán.

Otro acontecimiento incide especialmente en la decadencia del Renacimiento: el saqueo de Roma por los españoles y los mercenarios alemanes, en 1527. Y hacia 1538, fin de las guerras de Italia, todos sus Estados estaban en manos del poderosísimo Carlos V, emperador de media Europa.

Se puede decir que el Renacimiento ya está totalmente agotado en Italia, hacia la época de la Reforma y del Concilio de Trento (1562-1563). En Francia, el punto final podría ponerse en 1600; y en España e Inglaterra, coincidiendo con la decadencia del Siglo de Oro y del período isabelino, respectivamente.

Como fecha referencial el inicio de la Edad Moderna coincide con el Renacimiento. En efecto, el Renacimiento barre de un plumazo el oscurantismo medieval, las tinieblas de una época volcada hacia sí misma. El hombre recupera su lugar en el mundo y en la naturaleza, y recupera un protagonismo que en la Edad Media era exclusivo de la religión.

El cambio de mentalidad es notorio. Una muestra de ello es que Miguel Angel pinta desnudos que representaban escenas religiosas, hecho impensable en la Edad Media.

EL PEQUEÑO FLORENTINO

Nota de la autora antes de leer este cuento:

El siguiente relato, pese a las apariencias, no está basado en ningún hecho real acaecido en la Florencia renacentista. Es, simplemente, una historia probable, algo que pudo suceder. Uno de los personajes centrales del relato es, como veréis, el maestro Leonardo, a quien he tratado de retratar como realmente me imagino que fue. La historia, por lo demás, está trazada sobre un decorado perfectamente real e histórico: la Florencia de finales del siglo XV y comienzos del siglo XVI. Los nombres de las calles, de los palacios y de las iglesias, así como otros datos que entretejen la historia que sigue, son reales. Y en cuanto a nuestro Giacomo, el travieso florentino, ciertamente pudo existir, porque, en el fondo, Giacomo es como todos los niños de cualquier época y ciudad del mundo.

1

COMO sigas así, nunca llegarás a nada.

Mi madre no paraba de repetírmelo. Ya estaba harto de que yo, a los doce años, no hubiera encontrado aún una vocación. O, por lo menos, un interés fijo por algo. A mi madre se la llevaban los diablos:

—Quien mucho abarca, poco aprieta, Giacomo. Hazme caso.

A todas horas con la misma canción, y sólo porque a mí me gustaba casi todo (bueno, salvo pasear a mis hermanos Florencia arriba, Florencia abajo. Era un rollo). Todo me llamaba la atención: el cielo, los pájaros; nuestro río, Arno, con sus peces plateados; el puente Vecchio y sus casuchas, las iglesias de mármol de colores, los mercados bulliciosos. Me quedaba embobado y con la boca abierta ante un pórtico o una columnata y envidiaba en silencio a sus autores. Había que ser muy sabio para hacer las cosas así de bien.

Y lo peor (sobre todo para mi pobre madre) era que mis aficiones crecían cada día más, a medida que veía y conocía otras cosas. La esgrima, por ejemplo. No me imaginaba que pudiera ser tan interesante y divertida —o jugar con floretes y dagas—. El otro día vi una exhibición en la Plaza della Signoria, y me gustó mucho. Trataré de aprender (sin que se entere mi madre, claro).

Me llamo Giacomo y tengo doce años recién cumplidos. Vivo con mis padres y mis cuatro hermanos al lado de la iglesia del Santo Espíritu, muy cerca del palacio Pitti, una de las maravillas de Florencia. Para ir a la escuela, tengo que cruzar el Arno todas las mañanas. Soy el mayor de cinco hermanos. Detrás de mí vienen Sandro, de ocho años; Francesca, de seis, y los dos pequeñines, Filippo, de tres, y Federico, de uno y medio.

Me imagino que fácilmente entendéis el motivo de mis frecuentes paseos por Florencia: en casa no hay quien pare.

Mamá se pasa el día chillándonos para que hagamos esto o lo otro, o dejemos de hacer aquello o lo de más allá. A papá le vemos muy poco, pues siempre llega muy tarde a casa por la noche. Trabaja en la construcción. Antes se dedicaba a hacer lo que le mandasen, pero desde hace tiempo no levanta más que iglesias, palacios y cosas así. Dice que estamos presenciando una gran época, pero él no para de trabajar a todas horas.

Sandro y yo vamos juntos a la escuela. Nuestro profesor es el mismo, fra Jacopo, un viejo gruñón y muy exigente. Cada día tiene más discípulos. Dicen que se ha puesto de moda el estudio, aunque, si todos tuvieran a fra Jacopo como profesor, seguro que dirían lo contrario. A mí me gustaría tener un preceptor para mí solo, como los niños de familia noble. Aunque en realidad no sé para qué sirve estudiar tantos datos de memoria, pues por un oído te entran y por otro te salen.

Cuando mamá tiene muchas cosas que hacer nos manda de paseo por Florencia. Federico, el más pequeño, no suele venir nunca. A veces pasamos delante de palacios y casas nobles en días de fiesta. Es increíble: corpiños de seda, faldas de terciopelo y adornos de brocado en las mujeres, que sujetan sus cabellos con cintas y perlas; cadenas de oro y mil piedras preciosas; caballos de pura raza tirando de los carruajes... Y dentro del palacio suena la música de bailes, mientras se sirven manjares y vinos... No sé lo que yo daría por husmear dentro.

Tenía que hacer algo. No podía pasarme la vida lamentándome de las cosas que quería hacer y no hacía, de lo aburrida que era la escuela y del rollo de la familia y los paseítos con mis hermanos pequeños. Además, ya lo decía fra Jacopo en las clases de latín: «Res, non verba», es decir, algo así como «Hechos, no palabras». Aunque fuera una sola vez, decidí hacer caso a fra Jacopo.

Florencia entera bullía de cambios y novedades. La nueva moda llegaba a to-

dos los rincones de la ciudad. Un nuevo estilo de hombres, a quienes empezaban a llamar humanistas, se hacía dueño y señor de la situación. Vamos, que vivíamos una época fascinante y yo casi no me había enterado. Por eso decidí pasar a la acción.

Fue una verdadera casualidad que me encontrara a Bernardo dando un paseo. Bernardo era compañero mío de escuela, que vivía en el centro de Florencia, justo en el cogollo de la ciudad. Por eso estaba siempre muy enterado de lo que pasaba.

—¿Tienes algo que hacer? ¿Por qué no vienes conmigo? —me dijo Bernardo.

—¿A dónde?

—Al palacio Rucellai. Está aquí al lado —Bernardo seguía andando deprisa—. Hoy necesitan a siete.

—Oye, oye, que no entiendo nada —le dije—. Cuéntamelo más despacio.

—Pero, ¿en qué país vives? Hoy dan una fiesta a unos nobles milaneses que están de visita en Florencia. Para completar el servicio, necesitan a siete criados más. Venga, vamos, que llegamos tarde.

Bernardo me contó, mientras íbamos hacia el palacio, que solía presentarse en todas las fiestas de Florencia. La mayor parte de las veces le admitían como criado. No le pagaban nada, pero podía ver de cerca a los nobles, a esos humanistas que estaban tan de moda, a los cancilleres... Era una forma de salir de la monotonía de todos los días.

Antes de que pudiera darme cuenta, me habían puesto un traje negro de terciopelo y un criado jefe con cara de zorro estaba ya dándome órdenes.

Fue muy difícil explicarlo en casa. Me había ausentado sin permiso, había vuelto de madrugada y, para colmo, mi ropa olía tremendamente a vino y a otros perfumes. En fin, que me castigaron una semana sin salir.

Pero los recuerdos eran míos y no se me iban de la cabeza. No sabría decir de dónde había salido tanto. Mesas larguísimas llenas de manjares y viandas, y sobre todo, de frutas. Aquello parecía el jardín del paraíso en plena primavera. Mi cometido era sustituir las jarras vacías por otras llenas de vino, de mil colores distintos; frambuesa, rubí, violeta, naranja, dorado... Al cabo de un rato ya estaba casi borracho de tantos aromas. Bernardo me pasaba de vez en cuando un trozo de pastel, un muslo de pollo o un racimo de uvas. Como tenía más experiencia que yo, iba por el palacio como si fuera su casa.

Las salas estaban llenas de invitados, que rivalizaban unos con otros en la riqueza de sus vestidos y joyas. Me pareció ver una docena de cardenales, por lo menos. También había caballeros muy serios, vestidos de negro, que movían la cabeza amablemente y sonreían de vez en cuando, y señoras bellísimas a las que todo el mundo saludaba. Había también niños y niñas de mi edad que comían o jugaban en el patio.

Lo que más me extrañó fue la escasez de humanistas presentes en la fiesta. Decidí consultarlo con Bernardo, pues conocía mucho mundo. En el rellano de la escalera le abordé con estas palabras:

—Esto no es una verdadera fiesta —gruñí, indignado—. No hay humanistas.

Bernardo comenzó a reírse. Primero, poco a poco; luego, estrepitosamente. Reía tanto que se le fue al suelo una bandeja llena de uvas. Mientras entre los dos recogíamos la fruta del suelo, Bernardo, sin dejar de reír, me dijo:

—No sé si te estás quedando conmigo o si eres medio bobo. ¿Tú crees que los humanistas se distinguen del resto de las personas? ¿Pensabas que les nacían

plumas en la cabeza, o rabo, o que eran de colorines, o que vestían de forma distinta del resto? Lo que les distingue son sus ideas. Les pasa lo mismo que a los artistas —Bernardo me guiñó un ojo y dijo en tono burlón—. A ver, ¿cuántos artistas has visto esta noche?

Echó a correr delante de mí mientras las bandejas resbalaban rápidamente escalera abajo. No pude alcanzarle. Bernardo sí que conocía mundo.

Durante la semana que estuve castigado, sólo pude salir para ir a la escuela. Lo primero que hice fue pedirle a Bernardo que me avisara la próxima vez que se celebrara una fiesta en Florencia. A continuación, traté de que fra Jacopo nos mandara una redacción de tema libre. Ya podéis imaginaros cuál iba a ser mi tema.

La semana pasó entre clases de retórica, deberes y malas notas. El sábado por la mañana fra Jacopo leyó la lista de ejercicios para el domingo.

—Cinco traducciones de Cicerón, dos de Tito Livio, tres lecciones de retórica...

—¿Sólo eso, fra Jacopo? —salté yo—. ¿Por qué no una redacción o algo así?

Fra Jacopo se lo pensó unos minutos. Se encogió de hombros y musitó:

—¿Por qué no? Siempre hacéis lo que os da la gana.

El lunes por la mañana todos entregamos nuestros deberes. Yo estaba contento, porque había acabado el castigo y podía volver a pasear por Florencia. Al cabo de un rato, alguien me cogió con fuerza de las orejas. Me llevé un susto de muerte. Era fra Jacopo.

—¿Te estás burlando de mí o te has vuelto loco? Eres un desvergonzado, un

payaso y un malnacido —chillaba fra Jacopo sobre mi cabeza— ¿Así aprovechas la educación que tus padres te procuran? Vas a acabar con mi paciencia. Ahora mismo, para que tus compañeros vean qué clase de saltimbanqui eres, voy a leer tu redacción en voz alta.

Me senté en mi banco como si la guerra no fuera conmigo, consciente de mi inocencia, mientras fra Jacopo daba comienzo a la lectura:

«A los humanistas no les nacen plumas en la cabeza, ni rabo. Tampoco hay que pensar que sean de colorines o que vistan de forma distinta del resto de los mortales. Como a los artistas, lo que les distingue son sus ideas...»

Fra Jacopo no pudo terminar. Una orquesta de gritos, cánticos, risas y otros ruidos llenó la clase. Mis compañeros reían, cantaban y se subían a las mesas haciendo el mono, o relinchando como caballos. En una esquina, Bernardo me miraba enigmáticamente.

Mis padres se enteraron, y me cayó un castigo de un mes sin salir. Ya podía ir despidiéndome de Florencia, de las fiestas y de mis amigos. Fra Jacopo me miraba con desconfianza, y mi padre me había amenazado con llevarme a trabajar a su lado.

Una tarde, encerrado en mi cuarto haciendo los deberes, oí pasos en la escalera. Era mi hermano Sandro.

—Giacomo, que bajes. Te está esperando Bernardo.

—¿Bajar? —chillé yo— ¿Tú quieres que me la juegue? Dile que suba si es algo tan importante.

Al instante tenía enfrente a Bernardo, tan sonriente como de costumbre. Me hizo saber que el sábado siguiente había una gran fiesta en el Palacio Strozzi con motivo del cumpleaños de no sé qué duque o conde, o algo así. Necesitaban nada menos que veinte criados (evidentemente, cuantos más criados, más importante era la fiesta). Quería que fuese con él.

—No sé qué hacer. Si me pillan mis padres fuera, me condenan a cadena perpetua.

—No es para tanto —advirtió Bernardo—. La fiesta comienza a las diez de la noche. Cenas tranquilamente con tu familia, subes a tu habitación a estudiar... y te escapas sigilosamente por la escalera del patio. ¿De acuerdo?

—Ufff... Me lo pensaré.

—Está bien —dijo Bernardo—. A las diez menos cuarto, en las cocinas del Palacio Strozzi.

2

ESTA vez el uniforme era de terciopelo color carmesí con cuello blanco almidonado. No es por presumir, pero creo que me quedaba mejor que a ningún otro. Además, ya se me notaba una cierta experiencia en el trabajo, y más facilidad para moverme por los salones. El palacio me causó una gran impresión, con su fachada de arcos y columnas adornadas y las estatuas que adornaban la puerta principal. La fiesta era parecida a la anterior, pero había muchos más invitados. Para que os hagáis una idea, amenizaban la reunión nada menos que diez orquestas en las distintas salas.

Esta vez ni se me ocurrió ponerme a buscar a los humanistas. Me limitaba a servir copas de vino y a retirar de la mesa las jarras vacías. Eso sí, cuando podía, descansaba un poco y me dedicaba a escuchar lo que decían los invitados:

—Es evidente que el mismo principio de la «divina proportione» aligerará la composición pictórica. Si a esto añadimos las leyes de perspectiva y las nuevas modas, podremos hacernos una idea de… —decía alguien.

¡Madre de Dios! ¿Qué significaba todo aquello? ¿Serían las palabras de un humanista, o más bien las de un chalado? Quien así hablaba era un individuo de unos cuarenta años, vestido como muchos otros invitados, y en el que sólo destacaban unas manos bellísimas de dedos muy largos. Me quedé perplejo unos instantes hasta que alguien me llamó desde la galería:

—¡Eh, tú! ¿Qué haces ahí parado como un pasmarote? Te hemos contratado para trabajar, ¿no es eso?

Me di media vuelta y perdí el habla, todo a la vez. Tenía enfrente a la muchacha más bella que había visto en mi vida. Y me sonreía (sí, a mí, a Giacomo) mientras jugaba con un rizo de su cabello. Parecía tener unos diecisiete o dieciocho años, y vestía completamente de rojo, lo que destacaba aún más su tez pálida y su cabello moreno. No era muy alta, pero, entre tanta virtud, ese dato no tenía la menor importancia. Seguía sonriéndome, mientras yo me ponía colorado como un pimiento morrón.

—Esto... yo... vos... ejem —fue todo lo que acerté a decir.

—¿Cómo te llamas?

—Gi... Gi... Giacomo, me parece —contesté como pude.

—Yo me llamo Bárbara. Bárbara Strozzi.

—¿Sois la dueña de la casa? ¿Me habéis contratado como criado para la fiesta? En seguida, en seguida vuelvo a mi trabajo —me disculpé rápidamente.

—No hace falta. Tráeme una copa de vino, Giacomo.

Estuvimos charlando un buen rato. De vez en cuando pasaba por allí Bernardo y me dirigía unas miradas asesinas. Bárbara era muy simpática. Me dijo que le aburría mucho aquel tipo de vida, siempre igual: fiestas, fiestas y más fiestas.

—Pues a mí las fiestas me parecen fascinantes —dije yo.

—Sí, tal vez porque las ves desde fuera. Vienes, sirves y te vas. En cambio yo...

—Si tanto os aburrís, podéis venir a verme de vez en cuando. Basta con que crucéis el Arno por el puente Vecchio. Preguntad por mí a cualquiera en la plaza. Ahora tengo que seguir trabajando.

Me despedí de Bárbara elegantemente, como corresponde a quien conoce mucho mundo, y recuperé mi bandeja. Para ser noble, pensaba, no se le nota en absoluto. Es una muchacha perfectamente normal: simpática y educada, aunque más guapa (muchísimo más guapa, en realidad) que el resto de las chicas de su edad.

Lo que quedaba de fiesta transcurrió en un segundo. Sentí cierta tristeza al abandonar el palacio, ya de madrugada. El cielo estaba lleno de estrellas, pero Bárbara no aparecía por ningún lado. Era como si se la hubiera tragado la tierra.

Bernardo me alcanzó a pocos metros de la puerta de mi casa. Parecía muy enfadado.

—¿Qué es eso de molestar a los señores? —me gritó—. Son ellos quienes nos dan trabajo.

—Yo no he molestado a ningún señor. Sólo oí hablar a uno de no sé qué proporción divina o algo por el estilo —me hacía el loco, aunque sabía perfectamente por dónde iban los tiros.

—No me refiero a eso, estúpido. ¿De qué hablabas tanto rato con aquella chica?

No me importaba que Bernardo se enfadara aún más. Decidí contarle, simplemente, lo que había pasado, y tal y como había pasado.

—¿Una Strozzi? ¿Charlando contigo una Strozzi? —Bernardo no se lo podía creer—. No te quedes conmigo, Giacomo.

—Yo no me quedo con nadie. Allá tú, Bernardo: problema tuyo es creértelo o no.

Bernardo se despidió rápidamente. Yo ya empezaba a cansarme de sus envidias, de sus miradas con el rabillo del ojo y, sobre todo, de ese aire de suficiencia a todas horas. Perdía un amigo, pero ganaba una condesita (¿o era duquesa?).

Subí con mucho cuidado la escalera que conducía a mi cuarto. Sandro abrió los ojos como platos al oír la puerta.

—Soy yo, Sandro. No te asustes.

—Por hoy te has salvado, Giacomo, pero un día de éstos te pillan. Fijo que te pillan.

—¿Y qué? Sé el riesgo que corro, y merece la pena. Daría cualquier cosa con tal de conocer mundo.

Me metí deprisa en la cama e intenté dormir. No pude, las primeras luces del día se colaban por las rendijas de la ventana. Pasé revista mentalmente a todos y cada uno de los hechos de la noche anterior: los patios porticados del palacio, individuos hablando de cosas extrañas, una muchacha hermosísima, la noche y las estrellas... Varios pedacitos del mundo, de ese mundo que yo quería conocer a costa de lo que fuera. Pero, ¿cómo hacérselo entender a mis padres, a fra Jacopo? ¿Cómo conseguir permiso para salir al encuentro del mundo? Porque una cosa tenía clara: el mundo no iba a metérseme por la ventana, como estos malditos rayos de sol que me estaban dando en la cara.

Cuando el lunes siguiente volví a clase, decidí contarle a fra Jacopo mis propósitos. Tal vez él, profesor con experiencia y hombre de edad avanzada, supiera cómo conocer mundo. Además, el mundo era tan grande que alguien tendría que ayudarme. Fra Jacopo volvió a mirarme de forma extraña, como si me temiera o esperara cualquier cosa.

—¡Mira tú por dónde! ¡Un mocoso guiado por el afán de conocimiento! —exclamó echándose a reír—. Más te valdría ponerte a estudiar, pues si no, mal te veo.

—Pero, fra Jacopo, ¿no habéis oído hablar de la nueva época, de la construcción de una nueva Florencia, de los *homines novi*...?

—¡No me sueltes latinajos que te suspendo! ¡Mocoso! ¡Venirme a mí con éstas! ¡Habráse visto! —murmuraba para sí fra Jacopo mientras se alejaba hacia el escritorio.

Me dejó muy triste. Poco a poco, sin embargo, la tristeza se fue convirtiendo en enfado. Yo no tenía la culpa, eso era evidente. Fra Jacopo era un antiguo y no podía hacer nada para remediarlo. Yo, por el contrario, deseaba conocer el presente: quería ver, hablar, oír; quería saber lo que estaba pasando al lado de mi casa. Y conocer es el primer paso para aprender. Aunque fra Jacopo no lo entendiera. Creo que por eso dicen que no hay peor sordo que el que no quiere oír.

Mis padres recibieron una nota de fra Jacopo en la que les pedía que acudiesen a su escritorio para hablar con él. En cuanto vi la cara que ponían, desaparecí deprisa y corriendo hacia mi cuarto, para hacer ver que hacía los deberes. En realidad, me puse a jugar con Sandro. Estaba convencido de que no había hecho nada malo.

Mis padres volvieron a casa cabizbajos y muy serios. ¿Qué demonios les habría dicho fra Jacopo? No recordaba haber hecho ninguna trastada de ésas de antología, ni haber roto cristales o tinteros... A no ser que se tratara de aquella traducción que me había costado un buen tirón de orejas. ¡Para una vez que hacía los deberes, tenían que enterarse mis padres!

Me ordenaron bajar. Mi padre se sirvió una copa de vino. Sorbió un trago y lo paladeó unos segundos. De repente me miró y dijo:

—A partir de mañana te vienes conmigo a trabajar. Me ayudarás a transportar las piedras.

—Eso no. ¿No ves que es muy pequeño? —gimoteó mi madre—. Déjalo que termine este curso, por lo menos. Luego ya se verá.

—¡Eso, eso! —dije yo intentando ganar tiempo. Pero vi la cara de mi padre y añadí respetuoso—: ¡Haced lo que queráis, padre, y contad con mi obediencia!

A mi padre se le vio la duda en la cara. Entre mi madre y yo habíamos conseguido una tregua.

—Está bien —dijo—. Termina este curso. Pero mucho ojo con lo que haces, que no se te olvide.

Subí a mi cuarto comiéndome los escalones de alegría. Estaba en libertad condicional.

Seguí aparentando obediencia. Iba a la escuela todos los días, hacía los deberes y paseaba con mis hermanos a la orilla del Arno. Pero echaba algo en falta, no sé muy bien qué. Puede que el jaleo, el bullicio de las fiestas, el movimiento... ¿Fiestas he dicho? ¡Era eso! ¡Sentía nostalgia de las noches de fiesta! Poder salir de casa, ver personas y cosas desconocidas, conocer mundo... Y conocer también a alguien como Bárbara, la muchacha más guapa de Florencia y tal vez de toda Italia. ¡Y pensar que llevaba muchos días sin verla!

Me escapé, claro. Fui corriendo a casa de Bernardo, aunque éste seguía enfadado conmigo. Aparenté que había olvidado nuestra discusión. Le encontré jugando en el patio.

—Oye, Bernardo. Acuérdate de mí para las próximas fiestas, ¿vale?

—No sé, ya veremos —dijo Bernardo muy serio—. Hay muchos dispuestos a trabajar, y no a estar de cháchara con jovencitas, como tú.

—Hombre, Bernardo, no te pongas así. Un fallo lo tiene cualquiera. Tú, por ejemplo: copiarle los deberes a Francesco, sin ir más lejos. Lo que no sé es si fra Jacopo lo entendería...

Ya podéis imaginaros lo que sucedió. Dos días después, Bernardo se presentó en mi casa, sonriente y amable, para llevarme a una fiesta.

Y tras ésta vinieron muchas más. Poco a poco me fui aburriendo de aquel lujo y esplendor (y de trabajar tanto). Las fiestas se parecían mucho unas a otras. Y Bárbara no daba señales de vida por ningún sitio. Llegué a pensar si no habría sido un sueño o un espejismo.

Lo peor era la sensación que me quedaba al volver a casa, casi al alba. Al principio veía las fiestas con envidia. Poco a poco, a medida que iba conociéndolas, ya no me producían ningún interés. Y, al final, me decían tan poco como la vida cotidiana de mi barrio, con sus vecinos, con sus arquerías y soportales siempre idénticos. Tal vez eso pasara con todo lo desconocido: que, al conocerlo, dejaba de tener interés. Entonces, ¿para qué conocer mundo? ¿Para perder el interés al cabo de un tiempo? ¡Por favor, que alguien me lo explique!

Una tarde no podía más y me escapé de la escuela. Acabé al lado del Arno, cerca de las casuchas colgantes del puente Vecchio, tumbado al sol y medio dormido. Si mis padres llegaban a enterarse (de lo que no me cabía la menor duda), se acabaría el período de tregua y me pondrían a trabajar... Mejor, pues ya estaba harto de las monsergas de fra Jacopo y de los ejercicios de retórica.

Efectivamente, al cabo de un rato llegó mi madre. Traía al pobre Federico debajo del brazo y venía sudando la gota gorda. A su lado, Sandro me sonreía. (Se me ha olvidado deciros que ordené a Sandro que se chivara en plan inocente).

—¡Nos vas a matar a disgustos! —lloriqueó mamá—. Tendré que contárselo a tu padre. No me dejas otra elección.

Ensayé, lo mejor que pude, cara de resignación. Me incorporé un tanto cabizbajo, serio y obediente. Regresamos todos a casa. Federico berreaba, pues era hora de merendar. Sandro me miraba con curiosidad, y mamá, al frente del desfile, repetía continuamente:

—Tú lo has querido, Giacomo. Tú lo has querido.

Aquello tenía pinta de juicio sumarísimo. Y el fiscal, mi padre, estaba a punto de llegar.

—Vete a tu habitación —fue lo único que me dijeron.

No dormí en toda la noche, imaginando castigos a cuál más tremebundo.

Ya casi al alba me vi (sin duda rendido por el cansancio) fondeado en el Arno, con unas cuantas piedras de gran tamaño atadas a los pies. ¡Menudo grito di cuando, en el sueño, los peces se me abalanzaban con intenciones malvadas!

Desperté a Sandro y al resto de la familia. Poco después, mi padre entró en la habitación e hizo que le acompañara.

3

COMENCE a trabajar aquella misma mañana. Aparte del interés que tuviera el trabajo, no hacía más que plantearme una pregunta: ¿cuánto iba a durar esto? Es decir, ¿hasta cuándo iba a aguantar? La perspectiva de pasar los próximos treinta años transportando piedras no era maravillosa, claro. Y por la cantidad de edificios en construcción que había en Florencia no iba a salir de allí ni con recomendación.

Llevaba ya cuarenta y tres días trabajando, haciendo siempre lo mismo, como en las fiestas: piedras para arriba, piedras para abajo; de la Plaza del Duomo a la Plaza della Signoria, y vuelta a empezar. Y, para colmo, mi padre vigilándome con el rabillo del ojo.

Ahora recuerdo que era primavera. Abril, me parece. El calor y la humedad del Arno se nos metían por los huesos. Había que trabajar de la mañana a la noche. No quedaba en Florencia un solo palmo de suelo sin su correspondiente obra: reformas en fachadas, patios o escalinatas; bibliotecas, galerías, palacios e iglesias, muchísimas iglesias. No teníamos un minuto de descanso. Cuando terminábamos una obra, había muchas más esperando.

Nos dirigía un capataz llamado Francesco. Era alto, rubio y de sonrisa perpetua y bonachona. Se mostraba incapaz de dar una orden en voz alta. Cuando tenía que hacerlo, carraspeaba, se ponía ligeramente colorado y, en voz baja, nos decía: «Fulanito, ¿tendrías la bondad de subir esos dos bloques de piedra?», o algo por el estilo. De vez en cuando le veíamos charlar con un señor muy serio y alto, ante el que bajaba la cabeza y asentía.

Sin duda era un hombre culto y educado. Ya que fra Jacopo no había sabido responderme, me dirigí a Francesco para plantearle mis dudas:

—Maestro, ¿vos sois un humanista?

—¿Yo? —me dijo entre sonrisas—. No lo creo, Giacomo. Yo sólo soy un hombre con conciencia de serlo. ¿Qué es lo que te preocupa tanto?

—Pues... no sé. Bueno, sí. Estoy un poco mosqueado. Todo el mundo habla de la nueva época, del poder de los humanistas. Pero la verdad es que yo todavía no conozco a ninguno.

—¿Por qué tanto interés? ¿Crees que se distinguen mucho del resto de los hombres? —preguntó Francesco.

—No, no, qué va. Eso ya lo sé: que no tienen plumas en la cabeza, ni rabo, ni son de colorines, ni...

Las carcajadas de Francesco me interrumpieron. A lo lejos, mi padre me miraba con cara de enfado.

—¿Quieres trabajar con un humanista? —me preguntó Francesco—. No sólo podrás conocerle, sino también estar a su servicio.

No hacía falta ni pensarlo. No sé qué le parecería a mi padre, pero, desde luego, cualquier cosa antes que levantar piedras de sol a sol. Creo que mi madre tenía razón: era un culo de mal asiento.

Francesco me recogió en la obra y juntos nos encaminamos hacia la casa del humanista. Yo iba a ser su criado. Francesco me dijo que se trataba de un pintor florentino muy importante en toda Italia. De vez en cuando, según parece, pasaba temporadas fuera de Florencia, en Milán, en Venecia, en Roma, y yo tendría que acompañarle. Con eso me daba por pagado. ¡Podría ver mundo!

La casa del pintor se hallaba en el centro de Florencia. Era antigua y estaba un poco descuidada. En el patio, cerca del pozo, había dos mujeres amasando pan. Un perro delgado y de ojos tristes dormitaba en un rincón. El panorama no me gustó nada. No sé por qué, pero me imaginaba algo semejante al Palacio Strozzi: un edificio imponente, majestuoso, noble.

Francesco me hizo esperar a la entrada, junto al portón de madera que daba acceso al patio, mientras él iba al encuentro del humanista. La casa olía a repollo. Eso me hizo recordar que no probaba bocado desde el amanecer, y me moría de hambre. Además, no había dicho nada en casa y esta vez el castigo sería de campeonato.

Me levanté del banco y de puntillas seguí el olor a repollo. Así llegaría a la cocina. En mitad de la escalera me di de bruces contra un hombre vestido completamente de negro.

—¡Alto ahí! —me dijo—. ¿Quién eres?

—¿Y vos? ¿Por qué andáis por la escalera, así de sigiloso?

—¿Sigiloso? ¿Yo? ¡Esta escalera es mía! ¡Es mi casa! —gritó muy indignado.

—¡Mentís! Esta casa pertenece a un famoso pintor florentino, mi amo a partir del día de hoy.

—El pintor soy yo, la casa es mía y el criado... ¿qué pinta aquí un criado?

—Me ha contratado Francesco —dije yo.

—¿Francesco? Ese nombre me suena. Creo que conozco a algún Francesco.

En lo alto de la escalera apareció la sonriente cara de Francesco. Se dirigió muy dulcemente al desconocido:

—Maestro, Francesco soy yo. ¿No me recordáis? Y éste es vuestro nuevo criado. Giacomo, te presento al maestro Leonardo. Leonardo da Vinci, pintor.

—¡Ah, un criado nuevo! ¡Qué bien! Bien, Giovanni, te ocuparás de todas mis cosas. Francesco, tengo que hablarte de aquel proyecto mío... ¿o era tuyo? Da igual. Y tú, Giuseppe, no te quedes ahí parado, hombre. Ordena mis bocetos.

¡Dios mío! ¿Dónde demonios me había metido? ¿Era eso un humanista? Más parecía un chalado en la inopia. No sabía ni siquiera llamarme por mi nombre. Giovanni, Giuseppe, Giacomo... Eso me pasaba por querer conocer mundo.

Tuve que trasladarme a vivir a casa de mi amo, pues debía servirle a todas horas. Mis padres se lo tomaron muy bien y me despidieron con grandes lágrimas en los ojos. Estaban muy orgullosos de mí, según decían a todos, familiares y vecinos. Yo no entendía nada: primero me castigaban; ahora, de repente, me consideraban casi un héroe. Y sólo por servir a un amo medio loco, aunque muy buen pintor, según decían.

Poco a poco fui acostumbrándome a aquel tipo de vida. María, la cocinera, hacía comidas para chuparse los dedos. El maestro Leonardo no se metía con nadie, pues se pasaba todo el día pintando, y era poco exigente conmigo. El perro se hizo pronto amigo mío, y Francesco venía de vez en cuando y charlábamos juntos. Desde el primer día de estancia en aquella casa tuve la sensación de haber visto antes a mi amo. No sé dónde, ni cuándo, pero le había visto. Estaba seguro.

Una noche de luna llena no podía dormir. Di un millón de vueltas en la cama y de repente me acordé de Bárbara. Casi había pasado un año, pero lo recordaba todo como si lo estuviera viendo: el palacio, los carruajes a la puerta, las cocinas, las frutas, los invitados... Sí, recuerdo muy bien a los invitados, tan elegantes, tan exquisitos, tan cultos. Ahora que lo pienso: aquel invitado de unos cuarenta años, con unas manos bellísimas de dedos muy largos, que hablaba de cosas muy raras (de no sé qué divina proporción, me parece), era igualito, igualito que mi amo. Los dos se parecían como gotas de agua. A no ser que... ¿Cómo no me había dado cuenta antes?

Sin duda, era mi amo el hombre de la fiesta. Y si había sido invitado, lo más probable es que conociera a los anfitriones. ¡Conocía a Bárbara, no cabe la menor duda! Salí corriendo hacia su dormitorio. La puerta estaba cerrada y no se veía ninguna luz. Estaría en su estudio, pintando. Así era, en efecto, pero no pintaba: estaba asomado a la ventana y miraba hacia el cielo, con los ojos fijos en la luna. Parecía tan absorto que no se me ocurrió molestarle. Para ser pintor, hacía unas cosas muy raras.

Las dos semanas siguientes intenté hacerme el encontradizo para hablar con él. Me resultó imposible. El maestro Leonardo era despistadísimo y no se enteraba de nada.

Una mañana, mientras le preparaba el baño, me observaba de arriba abajo. De repente me dijo:

—Esta tarde, a las cinco, en mi estudio. No se te olvide, Giovanni. (A esas alturas ya contestaba por todos los nombres, como podéis imaginar).

—Sin falta, maestro. A las cinco en punto.

Sería otra de sus chaladuras: querría que le abanicara, que le sujetara un cuadro o que le sirviera copas de vino con galletas. ¡Con lo raro que era! De todos modos, era una oportunidad para hablarle de Bárbara. Tenía que preguntárselo como fuera.

A las cinco en punto llamé a la puerta de su estudio. El maestro me hizo pasar.

—Siéntate ahí, Giuseppe —dijo, señalándome una butaquita—. Siéntate y estate quieto.

—Sí, maestro. ¿Qué tengo que hacer?

—Nada, Giacomo. Sólo estar ahí sin moverte. Voy a pintarte.

No me lo podía creer. Se me olvidó Bárbara y se me olvidó todo de repente. ¡Qué honor! ¡Qué sorpresa se iban a llevar en casa! Yo, Giacomo Tadei, inmortalizado por los pinceles del famoso Leonardo da Vinci. ¡Ay cuando lo sepan los amigos! ¡La envidia que me van a tener! ¿Cómo sentaría eso de la fama?

—Maestro —dije en voz baja—, ¿cómo sienta eso de la fama?

—¿Por qué me lo preguntas?

—Porque, cuando todos hayan visto mi retrato, seré muy famoso: me señalarán con el dedo, me conocerán todos...

—Oye, oye. No seas tan presuntuoso. No voy a hacerte un retrato. Sólo estoy reuniendo bocetos para un ángel. Lo necesito para mi próxima Anunciación.

Cuando Leonardo me miró a la cara, vio reflejado el desengaño. ¡Menudo

chasco! Se echó a reír, dejó los pinceles sobre un trapo y se me acercó. Comenzó a hacerme cosquillas por todas partes.

—Eh, tú, sonríe. Venga, hombre, que no es para tanto —me dijo en tono cariñoso—. Hay cosas mucho más importantes que la fama.

—Sí, ¿eh? Vos sólo queréis consolarme, pero seguro que no cambiaríais vuestra fama ni por todo el oro del mundo...

—Tienes razón, Giovanni. No me llama la atención el oro, pero tampoco la fama. Hay cosas mucho más importantes, te lo digo yo.

—¿Sí? ¿Cuáles?

—La experiencia, la sabiduría, el conocimiento, el interés, la afición... No puedes entenderlo. Eres demasiado joven.

Me quedé callado un instante, reflexionando, y dije:

—¿Algo así como conocer mundo?

—Así, Giuseppe, así. Conocer el mundo que te rodea.

A partir de aquel día el maestro y yo nos hicimos muy amigos, aunque salvando las distancias, claro. Me dejaba quedarme en su estudio mientras él pintaba y yo le molía las pinturas. Charlábamos, le hacía preguntas, me contaba historias... Lo único que no podía hacer era tocarle los pinceles y los lienzos.

Hablábamos de muchas cosas. Me dio muchos consejos. No cabe duda de que era un sabio. Me dijo, por ejemplo, que era muy importante tener los ojos bien abiertos. Debía estudiar, claro está, pero eso no me serviría de nada si no me enteraba de lo que pasaba a mi alrededor. Del nacimiento de las flores, la forma de las estrellas o la sangre que mana de las heridas: de todo eso, y de más, podría sacar provecho y enseñanza. Pero no me enteraría de nada si no experimentaba interés por las cosas.

—¿Y por las personas, maestro? —le pregunté.

—Claro, Giovanni. No olvides que el hombre es el rey de la creación.

Intentaba yo meter baza y preguntarle por Bárbara, cuando de pronto apareció Francesco, el risueño capataz. Otra vez será, me dije.

Mi amo tuvo que salir de viaje hacia Roma. Tan precipitado fue todo que no pude acompañarle, pese a mis ruegos. Quería conocer mundo, y ésa era una buena ocasión. Pero no logré convencerle.

—No es preciso que vengas tú —me dijo al despedirse—. Además, estaré fuera unas tres semanas. Mientras tanto, ordena mis bocetos y limpia un poco el estudio.

No me quedó más remedio que obedecer. Por lo menos tenía las tardes libres y podría ir de visita a casa de mis padres. O jugar con Bernardo y los demás, a los que no veía desde hacía tiempo.

Nada más alejarse el carruaje de mi amo, comencé a dar órdenes. Pedí a María, la cocinera, que preparase una gran fuente de pasta con ajo y queso, mi plato favorito. Y para merendar, tarta de hojaldre. Después de comer me echaría una buena siesta, y luego saldría a dar una vuelta.

A mediodía pasé por delante del estudio de mi amo. Se había dejado la puerta abierta y hacía algo de corriente. Entré a cerrar la ventana.

Ocurrió de repente. El suelo estaba lleno de mil bocetos distintos de todos los tamaños. Había también pinturas terminadas, unas encima de otras sobre la pared de la derecha. Recogí del suelo dos bocetos en los que mi amo había esbozado el cuerpo de un caballo. Era muy hermoso. Sólo le faltaba relinchar, o empezar a galopar de un momento a otro. Había bastantes dibujos de manos de mujer. Y de unas extrañas máquinas de guerra. Y de instrumentos musicales. Y de edificios, disfraces y paisajes. Y de plantas. Y de pájaros.

No sabría decir cuántos bocetos había. Dos mil, por lo menos. Y todos eran una verdadera maravilla. Quedé impresionado por la belleza del trabajo de mi amo. Si aquello no era la sabiduría, tendría que ser magia.

Cuando el maestro Leonardo regresó de Roma, yo estaba esperándole en la entrada. Al bajar del carruaje, me abalancé sobre él.

—¿Cómo lo hacéis? Decídmelo, maestro —le grité—. Tiene que ser cosa de magia.

Leonardo no sabía por dónde iban los tiros. Puso cara de extrañado.

—Los dibujos, maestro —le expliqué casi sin aliento—. ¿Quién os ayuda?

Mi amo soltó una sonora carcajada. Me acarició la cabeza y me pasó el brazo por los hombros. Comenzamos a subir las escaleras.

—Mi trabajo me cuestan, querido Giacomo —me dijo sin dejar de sonreír—. No me los hace nadie. Sólo es cuestión de observar la realidad e intentar copiarla tal como es. No hay que inventarse nada. Está todo en la naturaleza, en el mundo.

—¿Y así de fácil es llegar a sabio, como vos?

—No se trata de ser sabio —me miró y se puso serio—. Se trata de acercarse a las cosas con interés y con respeto. Si hay algo que no te interesa, pasas a otra cosa y ya está. Y, si te llama la atención, ya tienes medio trabajo hecho.

—¿Y eso es todo? —pregunté.

—Sí, Giacomo, casi todo. Con un poco de ejercicio para adquirir experiencia, eso es todo.

Así, charlando, llegamos al comedor. Nos sentamos uno enfrente de otro, y noté que mi amo, el célebre pintor Leonardo da Vinci, me miraba de otra forma. Con algo más de complicidad, me pareció notar.

No dejaba de darle vueltas a todo lo que mi amo me había contado. Eran palabras y teorías, pero él había conseguido ponerlas en práctica. ¡Y cómo! ¡Creando belleza! Para eso hay que nacer, seguro.

Rumiando tantas ideas en la cabeza, no me di cuenta al entrar en el estudio de mi amo, de que había alguien posando para él. Recogí la jarra de agua y las copas que había ido a buscar, y me dirigí hacia la puerta. Alguien me chistó en tono burlón:

—Eh, chsssst... No seas tan mal educado. Saluda, por lo menos.

Me volví de repente, porque la voz me resultaba conocida. La jarra y las copas se estrellaron contra el suelo. Era ella, mi Bárbara, allí sentada. Era de carne y hueso, no un espejismo como había temido. Posaba para mi maestro y me sonreía con aire guasón.

—Mira tú por dónde. ¿Qué haces aquí? —me dijo.

—¿Yo? ¿Aquí? Pues... Yo... Trabajar. Eso es: trabajo aquí.

Ni que decir tiene que casi no podía hablar. Se me trababa la lengua, o se me iban las ideas, o me ponía colorado. Mi amo me miraba como quien acaba de descubrir un secreto.

—Veo que ya os conocéis —nos dijo.

—Sí, de la fiesta en el palacio, hace unos meses —afirmé—. ¿Y vos? ¿Qué hacéis ahí sentada?

—Pero, ¿todavía no te has enterado? —me preguntó mi amo—. Es mi modelo. Quiero pintar una Madonna morena con la tez pálida. Parecida a Bárbara.

¡Infeliz de mí! Bárbara llevaba casi un mes posando para mi amo, y yo acababa de enterarme. Como siguiera así, no iba a aprender nada en esta vida. Por mucho que abriera los ojos, no veía nada. Y uno de los consejos de mi amo era ése precisamente: ver, darse cuenta, captar la realidad. ¡Era un imbécil! ¡No merecía otro calificativo!

A partir de ese día esperaba con mi amo en el estudio a que Bárbara llegara, a eso de las cuatro de la tarde, para la sesión de pintura. Me instalaba discretamente tras el maestro y sonreía a Bárbara. Ella me miraba de manera enigmática y dulce, y también sonreía. Con el pelo suelto sobre los hombros y las manos cruzadas, mi bella damita me miraba.

Y así día tras día durante varios meses. Mi amo, afortunadamente, casi no se enteraba de mi presencia en el estudio, pues andaba como embobado con su trabajo. Bárbara posaba cada tarde alrededor de una hora, que a mí se me iba en un segundo. Seguía sin creérmelo: allí la tenía, a dos metros, sin moverse, sin echar a correr o esfumarse de repente, quietecita, guapísima, mirándome continuamente con esos ojos suyos, mitad burla, mitad dulzura.

Yo no sabía qué hacer o decir para atraer su atención. Mariposeaba alrededor de mi amo para verla de frente, y lo hacía de puntillas o a saltitos, pues el suelo estaba lleno de bocetos, pinceles y trapos sucios. Alguna que otra vez tropecé y perdí el equilibrio, y Bárbara soltaba una sonora carcajada. Mi amo, sin sospechar mi presencia, le echaba la bronca a la pobre Bárbara:

—¿No os da vergüenza, con lo mayor que sois? —le decía, mientras sacudía el pincel rítmicamente—. Si seguís así, de nada valdrá que poséis para mí. Necesito un rostro serio.

Bárbara nunca me delataba, y Leonardo continuaba pintándola sin tener ni idea de mis idas y venidas por el estudio. La seriedad de Bárbara duraba poco, eso sí, y al rato empezaba de nuevo la batalla de risas.

Pero tanto va el cántaro a la fuente... Una tarde, al intentar franquear un

montón de bocetos situado detrás de mi amo, medí mal la distancia y caí sobre él. Acabamos en el suelo, rodando juntos y con el caballete, sus pinceles y el retrato de Bárbara. Mi maestro montó en cólera, pero, antes de que empezara la tormenta, me adelanté y, tras una aparatosa reverencia, dije:

—¿Un vaso de agua, de leche, de vino? ¿Acaso preferís unas frutas? ¿O dulces mejor?

Seguro que no se lo esperaba, me dije al ver su cara. Leonardo estaba perplejo, y Bárbara se partía de risa, aunque esta vez con todo el derecho del mundo. Para echarme un cable, recobró como pudo la compostura y murmuró:

—Yo... Sí, por favor, un vaso de leche.

No sabía si moverme o quedarme quieto. Mi amo señaló la puerta con el dedo índice y me gritó:

—¡Venga, deprisa! ¿No la has oído? ¡Un vaso de leche, hombre!

Esta vez sí que me la cargo, pensaba mientras me dirigía a la cocina. Me despide, vaya si me despide. ¿Y cómo se lo cuento yo a mis padres? ¿Y a los amigos? Pensarán que soy un imbécil, pues desperdicio las pocas oportunidades de la Fortuna. ¡Como si la Fortuna se nos apareciese a todas horas! ¡Ni hablar! Cuando se presenta la oportunidad hay que atarla en corto, para que no se esfume. Pero yo soy un inconsciente y un irresponsable y...

—Giovanni, mi buen Giovanni —dijo alguien detrás de mí mientras me ponía una mano en el hombro—. No sabes cuánto te lo agradezco. Llevaba buscándolos un montón de tiempo y gracias a ti los he encontrado. Mi buen Giovanni...

Era mi amo, delicado y dulce como jamás le había visto. Me acarició la cabeza revolviéndome el pelo, sonriéndome, y se alejó escaleras arriba mientras tarareaba una cancioncilla de esas que cantan las lavanderas a orillas del Arno.

Llené un vaso de leche y me dirigí al estudio. Bárbara seguía allí, sonriéndome como de costumbre. Le ofrecí la leche y me senté a sus pies.

—Permitidme una pregunta. ¿Sabéis qué le ha pasado a mi amo tan de repente? Se ha comportado conmigo como un santo, y no como un ogro.

—Bueno —respondió Bárbara—, se levantó, miró al suelo y recogió unos cuantos bocetos. Gritó «¡Eureka!» y salió corriendo en tu busca. No sé más.

Sin duda eran las hojas llenas de garabatos que llevaba bajo el brazo. Con lo despistado que era, ni se habría dado cuenta de que estaban allí, junto a sus pies. O sea, que el mérito no era mío, pensé. Pero claro, tampoco se trataba de que llegase a sus oídos...

—Ya ves que no hay mal que por bien no venga, Giacomo. Ahora tu amo te aprecia aún más.

Yo lo que deseo es que me apreciéis vos, estuve a punto de decirle. Menos mal que pude contenerme. Bárbara se levantó y se dirigió a la puerta.

—Tengo que irme, Giacomo. Oye, por cierto, ¿tienes algo que hacer el sábado por la noche? Damos una fiesta en palacio, y me gustaría que vinieras.

—Es mucho trabajo, Bárbara. Además, ya ni me acuerdo de cómo se sirve el vino.

—De camarero, no —dijo entre carcajadas—, hombre. De invitado.

—¿De invitado? ¿Yo? ¿De verdad? Pues... no sé si podré. Intentaré arreglarlo, aunque me resultará difícil —carraspeé y gesticulé un poco, ya como un hombrecito conocedor de mundo.

4

LA invitación a la fiesta me había dejado fuera de juego. Recuerdo que, al desaparecer Bárbara tras la puerta, empecé a sudar y a ponerme blanco, como si fuera a desmayarme de un momento a otro. Bebí un poco de agua y traté de pensarlo fríamente. Sin duda, la invitación se debía a mi encanto natural, a mi alegre carácter, a mi apostura... En dos palabras, que tenía a Bárbara completamente loca por mí. Y por eso me invitaba a palacio, para presentarme a su familia y amigos. Por tanto, no debía desentonar, sino todo lo contrario, trataría de estar a la altura de las circunstancias.

Pero me di cuenta de que no tenía nada que ponerme, de que no sabía bailar aquellas danzas que bailaban los nobles, y de que no podría hablar de proporciones divinas ni cuadraturas del círculo. Dadas mis limitaciones, ¿qué hacer? Lo mejor, sin duda, sería pedir consejo a mi amo.

Le encontré en su estudio, dibujando. Cuando oyó el torrente de problemas que salía de mi boca, comenzó a reír estrepitosamente, sacudiendo todo el cuerpo. Se sentó en una butaca y me hizo señas para que yo lo hiciera a sus pies.

—Discreción, mi querido Giuseppe, discreción —me dijo sin dejar de reír—. La verdadera nobleza consiste en eso. Ponte el traje negro de los domingos y dile a María que te adorne el cuello con cualquier chuchería que encuentre por la casa. ¿Que no sabes bailar? No bailes. Si no entiendes de proporciones divinas, como tú las llamas, no digas nada. No olvides que la ignorancia es la madre del atrevimiento. Y, contra atrevimiento, discreción.

—No me iréis a decir, maestro, que ésta es la vía del conocimiento. No sé yo qué se puede aprender quietecito detrás de una columna, mientras el mundo se mueve.

—Eso precisamente, mi buen Giacomo: ver moverse el mundo. Ahí comienza la experiencia.

Valor, Giacomo, valor, me decía a mí mismo mientras requisaba por la casa todo cuanto tuviera un mínimo valor: botonaduras, una tira de armiño, un pedazo de terciopelo, una cadena dorada... Conseguí que María cosiese la tira de armiño sobre mi traje de los domingos. Yo, por mi cuenta, le añadí la cadena dorada cruzando el pecho. Pensé usar también las botonaduras, para darle más prestancia al conjunto, pero de repente comprendí las palabras de mi maestro: la discreción, ante todo. Nada de andar por ahí dando tres cuartos al pregonero o, como diría

mi madre, poniéndome en evidencia. Creo que el gran Leonardo volvía a tener razón: nada mejor que oír, ver y callar. ¡Lo que estaba aprendiendo a su lado!

El día de la fiesta estaba tan nervioso que me presenté en palacio una hora y cuarto antes de la cita. Me entretuve dando vueltas por el patio de atrás, desde donde podía verse el trajín de las cocinas y los movimientos de los mozos de cuadra. La cuadrilla de camareros llegó al poco rato, encabezada, cómo no, por mi viejo amigo Bernardo. Decidí salir a su encuentro para saludarle, pues en medio de la fiesta resultaría más violento para ambos.

—¿Qué pasa, Bernardo? ¿No te acuerdas de mí?

—Sí, claro —respondió altivamente—. Lo siento, Giacomo, ya están todas las plazas cubiertas. Otra vez será.

—Hombre, no te pongas así. Yo sólo quería saludarte.

Me alejé sin decirle nada más. ¡Menuda sorpresa se llevaría al verme dentro, en la fiesta! Pero con tipos como él no merecía la pena perder el tiempo, así que

me dirigí hacia la puerta principal dispuesto a esperar la llegada de Bárbara.

Ya era de noche cuando comenzó a sonar la música de una orquesta de cuerda. Los invitados aguardaban ante la puerta principal del palacio. Se había formado una larga fila de notables: cancilleres, condottieros, mercaderes, jueces; príncipes, duques y toda la gama nobiliaria, e imagino que también algún humanista. Todos charlaban en pequeños grupos, salvo yo, por lo que me apresuré a ponerme el último.

Sin haberme dado cuenta, Bárbara salió corriendo a mi encuentro. Traía a una niña pequeña de la mano.

—Toma, es para ti. Es mi hermana Beatriz —me dijo, al tiempo que me cedía la manita de Beatriz—. Es para que no estés solo. Y no hace falta que hagáis cola. Venid por aquí.

—¿Y vos? —pregunté a Bárbara—. ¿No estaréis conmigo?

—¡Claro que sí! Y con el resto de los invitados... —dijo, y salió corriendo.

¿Con el resto de los invitados?, murmuré para mí mismo, ¡pero si éramos por lo menos dos mil! Con un poco de suerte, vería a Bárbara una vez en toda la noche.

Seguimos a Bárbara hacia el palacio, corriendo tras ella. Yo llevaba a rastras a la pobre Beatriz, agarrada a mi mano como una lapa. Si esto duraba mucho, la fiesta acabaría convirtiéndose en un parvulario.

Una vez dentro, las luces me permitieron contemplar a mi acompañante. Y debo confesar que me llevé una buena sorpresa: era toda una damita de ocho o nueve años, morena, como Bárbara, y con unos ojos grises como perlas. Gris era también el vestido que llevaba, y los dos zapatos diminutos. Llevaba el pelo recogido en dos graciosos rodetes a ambos lados de la cabeza. Beatriz bostezaba y volvía a bostezar, y no parecía muy acostumbrada a los saraos y jolgorios florentinos. Tiraba de mi mano en dirección al jardín.

—¿Qué queréis de mí? —le dije—. ¿Necesitáis algo?

—Sí, que vigiles mientras duermo.

—¿Cómo decís?

—Que vigiles, hombre, que vigiles —me contestó enfurruñada—. Voy a dormir, aquí, bajo este seto. Y tú no digas nada, ¿eh?

Estaba apañado... Me habían invitado a una fiesta maravillosa, mi primera acompañante desaparecía entre dos mil invitados, y mi acompañante suplente se quedaba dormida bajo un seto... Eso me pasaba a mí por apuntarme a todas, como decía mi madre. Mucho mejor estaría en mi cuarto, durmiendo tranquilamente, y no haciendo el payaso entre la nobleza...

—¡Eh, Giacomo! ¿Qué haces ahí? —me preguntó Bárbara dirigiéndose hacia mí.

—¡Vos! ¿Os parece bonito tenerme de niñera? ¡Miradla bajo el seto! ¡Menuda fiesta!

Bárbara comenzó a reír, como solía hacer casi siempre. Sacudió a Beatriz, le arregló el vestido y el cabello y volvió a darme su manita.

—He de confesarte algo, querido Giacomo —susurro Bárbara—. Beatriz no iba a venir a la fiesta. En realidad, la he sacado de la cama para que te sirva de acompañante, porque yo..., yo, pues, esto...

—¡Bárbara, querida! —se oyó a lo lejos, y me pareció ver la silueta de un joven alto y delgado que se alejaba en dirección contraria a ella.

Bárbara fue detrás; de puntillas, primero; corriendo como una loca, después. Al rato se perdieron en la oscuridad del jardín. Vaya con los dos mil invitados, me dije.

Y allí estaba, a expensas del sueño de una damita florentina. Menos mal que, tras media docena de bostezos, acabó de despertarse de una vez. Me miró con ojos vivarachos, aunque aún no sonreía. Tal vez, las sonrisas fueran algo que se aprende con la edad, pensé, al comparar la carita de Beatriz con la de Bárbara. Mi bella dormilona se incorporó de repente y preguntó:

—¡Bueno! ¿y qué?

—¿Cómo que «y qué»? Vos tenéis que saberlo. Este es vuestro palacio y ésta vuestra fiesta —contesté, para ganar tiempo hasta que se me ocurriera algo.

—¡Bueno, vale, no te pongas así! ¡Qué cara! Yo no te he encargado que me cuides, ¿no? ¡Pues eso! ¡No te digo!

No sé por qué, pero el carácter un poco chicazo de Beatriz comenzó a gustarme, sobre todo cuando, al rato, se remangó el vestido y se puso a saltar setos uno tras otro. A continuación me desafió a una carrera por los paseos del jardín, tan repletos, para mi desgracia, de estatuas y pilastras. Cuando yo casi había conseguido alcanzarla, zas, de golpe y porrazo me encontré frente a Bárbara y su acompañante, de pie junto a una fuente adornada con cupidillos.

—No quiero molestaros —dije, jadeando aún por la carrera—, pero ¿no tendríais una hermana un poco más tranquila?

Bárbara se echó a reír estrepitosamente. Al jovenzuelo que la acompañaba se le caía la baba. Ella jugueteó unos segundos con el antifaz y nos dedicó, al otro y a mí, unas cuantas miradas remolonas.

—Claro que sí. Aún quedan Berta y Berenice, pero creo que no te servirán de mucho. Las dos están casadas y tienen niños. Si prefieres, te presentaré a alguno de mis hermanos varones, por si queréis jugar juntos.

¡Dios mío!, exclamé para mis adentros, aquello no era una familia: era una conspiración. Cuando aún no me había recuperado de la carrera, Beatriz, que ya me llevaba tres vueltas de ventaja, me arrastró del brazo tras ella. Al cabo de ocho vueltas más, comenzó a hartarse del deporte. Aproveché la ocasión para llevarla dentro, a ver si, por casualidad, podía recuperar fuerzas con un par de muslos de pollo y unas cuantas frutas. Estaba dispuesto a que la tregua durase un buen rato, así que empecé a dar palique a Beatriz.

Mientras me ponía morado de manjares, Beatriz me contó su historia, muy reducida en realidad porque sólo tenía nueve años. Era la pequeña de las niñas, cuatro en total, y la antepenúltima contando a los varones, que eran seis. No iba a la escuela, pues tenía un preceptor para ella sola, el mismo que había educado a Bárbara. Esta no tardaría en casarse (casi se me atraganta el pollo y se me saltan las lágrimas), pues ya había cumplido los diecisiete. Le había echado el ojo un noble milanés (el tipo escuchimizado del jardín), pero aún no sabía si su padre le había buscado otro marido más conveniente. Berta, de veinte años, y Berenice, de veintitrés, se habían casado con un duque y un conde, respectivamente, y ya tenían duquesitos y condesitas, en ese orden. Ella misma, Beatriz, seguiría estudiando con el preceptor un par de años más, tres a lo sumo. Después se dedicaría a la difícil tarea de encontrar duque, o lo que fuese.

—¿Sabéis qué os digo? —la interrumpí—. Que me parece una vida muy triste la vuestra. Desde que nacéis, ya la tenéis planificada, año tras año: a los cinco, instructor; a los quince, marido; a los dieciocho, hijos... Yo me cansaría de todo eso, la verdad.

Beatriz me miró con ojos muy abiertos, como si no entendiese demasiado bien. Acabó una bandeja de pasteles, y mientras se chupaba los dedos, dijo:.

—Me imagino que mi vida es tan aburrida como la tuya, cada uno en su ambiente. ¿O es qué tú siempre te lo pasas bien?

Una vez más me habían dejado fuera de juego. Me tomé un respiro para contestar:

—Bueno, en realidad, yo no diría eso... O sí, quién sabe. Quiero decir..., la vida... ¿Os apetece que echemos una carrera?

Terminé como pude, decidiéndome por la menos comprometida de las salidas, y a sabiendas de que aquella mocosa volvería a ganarme por tres vueltas de ventaja.

Mi gozo en un pozo, era todo lo que se me ocurría al final de la fiesta, de madrugada casi, mientras volvía a casa. Había ido en pos de una bella muchacha empeñada en echarle el guante a un noble milanés; me había encontrado allí con un chicazo-chiquilla que me daba mil vueltas (en todos los sentidos, he de confesar), y un antiguo amigo, Bernardo, cómo no, me había dejado caer por encima del traje la salsa caliente de un asado. Como veis, era para meterse en casa y no volver a salir en un par de años. Y de decírselo al maestro, ni hablar.

El domingo pasó despacio. El lunes por la tarde, a eso de las cinco, oí la puerta de la calle. Menos mal que todo seguía como antes: Bárbara venía a posar para el maestro. No hacía falta bajar a recibirla, pues conocía el camino del estudio y solía subir sola. Yo estaba preparando el caballete y los pinceles cuando me sobresaltó un grito detrás de mí:

—¿Qué pasa? ¿Es que ya no saludas?

Efectivamente, era Beatriz, que llegaba de la mano de su hermana.

—He venido a ver cómo te aburres —continuó—. Y como yo me aburría en el palacio, pues nada, ya somos dos los aburridos.

No había terminado Beatriz cuando llegó Leonardo. Ahora sí que me la cargo, pensé, pues la presencia de Beatriz era culpa mía. Intenté disimular colocan-

do el caballete de veinte maneras distintas, pero Leonardo se adelantó. No parecía muy enfadado.

—¿Y vos? ¿De dónde habéis salido? —preguntó a Beatriz.

—Soy hermana de Bárbara —dijo ella, poniéndose de puntillas, muy pizpireta—, y amiga de éste. ¿A que sí, tú?

—Pues sí... claro —contesté, colorado como un tomate.

—Me parece muy bien, pero ahora hay que trabajar —dijo mi amo—. Giacomo, llévatela a la cocina, y que María le dé algo de merendar.

Antes de que Beatriz pudiera abrir la boca, la agarré por una mano y tiré de ella hacia la escalera. Con el genio que tenía, me montaría una pataleta en mitad del patio, seguro.

Pero estaba claro que yo no entendía de mujeres. En lugar de arañarme y tirarme pellizcos, me miraba con dulzura y suspiraba profundamente. Me siguió como un corderito hasta la cocina, donde se sentó en un taburete y comenzó a devorar todo cuanto María le ofrecía.

Me está bien empleado por meterme en follones, pensaba para mis adentros. A ver quién me libra de ésta. Está visto que no gano para disgustos, y que soy incapaz de sacar algo en claro. Si mis padres se enteraran de mis andanzas... ¿Y si la fondeo en el Arno? Pobrecilla, no sé lo que me digo. Además, es simpática, y un poco chicazo, y no tiene la culpa de ser Beatriz y no Bárbara.

Así de ingenuamente intentaba consolarme, mientras Beatriz me miraba como si fuera un bocadillo de pan con queso.

A partir de ese día, Beatriz acudió con Bárbara a todas las sesiones de pintura. Para rizar el rizo, alguna que otra vez vinieron también Berta y Berenice, las otras dos hermanas, con sus cinco hijitos. Pero la que no faltaba nunca era Beatriz, cada día más gamberra. Y más guapa, hay que reconocerlo.

Los primeros días la entretuve en el patio como Dios me dio a entender. Cuando se me acababa la cuerda, cosa que sucedía bastante a menudo, la llevaba a la cocina y le ofrecía algo de merendar. Era un remedio infalible. A veces hacíamos carreras a la puerta de casa, en la plaza, pero me daba algo de vergüenza que me vieran los chicos del barrio. Beatriz se empeñó, en más de una ocasión, en cruzar el Arno a nado, pero yo no estaba dispuesto a hacer el ridículo perdiendo.

Al cabo de un mes, más o menos, le propuse un nuevo juego: que posara para mí, igual que su hermana Bárbara posaba para Leonardo. Yo no había pintado jamás, pero si conseguía que estuviera quietecita, podría pensar mientras tanto una solución más convincente. Además, no estaba dispuesto a terminar cada día con agujetas. Lo difícil sería que Beatriz aguantara sentada más de un minuto.

Para que mi amo no se enterase, por si acaso, improvisé con cuatro tablas un caballete. Lo coloqué en el patio, casi a pleno sol, y frente a él una butaquita para Beatriz. Al lado, una mesa con una fuente llena de fruta. El perro, tan oportuno como de costumbre, se acercó para completar el decorado. María me miraba

como si me hubiese vuelto loco, y sacudía la cabeza mientras se secaba las manos con el delantal.

Para que no faltara ni un detalle, embadurné adrede un trapo blanco con pinturas de todos los colores, y me manché un poco las manos y la mejilla izquierda. Había que dar buena imagen, ¿o no?

Dejé pasar un par de minutos antes de bajar a saludar a Beatriz. Bárbara ya había subido al estudio de Leonardo, y mi bella modelo husmeaba la caja de pinturas.

—Perdonad el retraso —dije a modo de saludo—, pero estaba pintando en mi cuarto. Cuando trabajo, se me pasa el tiempo volando.

Tenía que conseguir que Beatriz se lo creyera. De lo contrario se burlaría de mí y, además de hacer el ridículo, no me quedaría otra solución que las carreras por toda Florencia. Intenté, pues, conservar la compostura y el semblante serio.

—Sentaos ahí. Un poquito más a la izquierda... Hacia arriba, la cabeza. Así, muy bien, quedaos así.

Por lo menos doy órdenes, me dije para darme ánimos, que buena falta me

hacían. Y el que ordena, sabe. ¿O no? Así debería ser, según tengo entendido. Y como ésta sólo entiende de carreras y de comer, tampoco creo yo que se lo tome a mal... Y si llega a oídos de Leonardo, pues no se va a enfadar, digo yo. Alguna vez sería la primera, ¿a que sí? A saber qué pintaba él cuando tenía mis años...

Casi sin darme cuenta, había esbozado ya la carita redonda de Beatriz. Ponía todo mi interés y esfuerzo, pero aún no podía contener el sudor frío y los temblores de las piernas. Tenía que actuar como si no pasara nada, y seguir añadiendo uno a uno los rasgos que faltaban: primero los ojos; luego, cejas, naricilla, la boca, y para terminar, dos sombras que parecieran mejillas. Aún a punto de desmayarme, di por terminado el retrato: el primer retrato de mi vida.

Hice señas a Beatriz para que se acercara y se viera allí, en el lienzo. Bajó casi tirándose de la butaquita, se alisó el vestido y, con un racimo de uvas en la mano, vino hacia mí. Empecé a rezar, por si las moscas, y le enseñé el cuadro.

—¡Qué bien! ¡Qué guapa estoy! Ya verás cuando lo vean mis padres —exclamaba Beatriz, entusiasmada.

—¿Os gusta? ¿De verdad? ¡Pero si lo he hecho yo!

—¡Anda, pues claro! —se burló Beatriz—. ¿O es que ya no te acuerdas? Pero, oye, Giacomo, aquí falta algo...

Me había pillado, sin duda: tal vez se refería a los defectos de composición, a la ausencia de sfumato, o de perspectiva, o claroscuro... ¡Yo qué sé! Me estaba bien empleado por meterme en camisa de once varas. Yo era criado, y no pintor. Tragué saliva por enésima vez y me enfrenté al cuadro. Lo miré y remiré hasta darme cuenta del «defecto»: con las prisas, se me había olvidado pintar las orejas. Para ser mi primer cuadro, no lo había hecho tan mal...

Tras ese retrato vinieron muchos más. Beatriz de azul, Beatriz de rosa, Beatriz de colorines o sacándome la lengua. Pinté también a sus sobrinos, y saqué incluso unos bocetos de la hermana mayor, Berenice. Con quien no me atrevía era con Bárbara, por una especie de respeto extraño e irracional.

Me entusiasmaba pintar, eso he de confesarlo, y me parecía mentira que algo que había comenzado como un juego, como una broma, fuera interesándome cada vez más, hasta el punto de despertarme por la noche e imaginar un cuadro o un color. Me ponía a pintar (a quien fuese, o lo que fuese) nervioso, ilusionado y con algo de fiebre, que desaparecía poco a poco según iba tomando forma la pintura.

Exploté la carita de Beatriz, es verdad, pero también la de María, la cocinera, las de los viejos que charlaban en la plaza o las mujeres lavanderas del Arno. Llegué a atreverme con un retrato de mi maestro, el gran Leonardo, que le regalaría para su próximo cumpleaños. Para hacer ejercicios (pues nadie me había enseñado) cogía a escondidas bocetos de mi amo, y los copiaba a solas, en mi cuarto.

Estaba como loco con este nuevo juego. Hasta Beatriz, ese pedazo de chicazo, se había sosegado. Ahora le preocupaba bastante no sé que línea, según decía, y era muy comedida a la hora de merendar. Y Bárbara, ¡ay!, había conseguido atrapar al noble milanés, aun contra la voluntad de su padre. Por fortuna, la pintura me consolaba de todo aquello.

Tenía la costumbre de dejar las pinturas recién terminadas en el patio, para

que secaran. Mi maestro no solía salir de su estudio hasta pasadas las seis o las siete de la tarde, y era yo quien le subía la cena. Luego, leía un rato o bien se acostaba.

Pero quiso la Fortuna que una tarde Leonardo alterase sus costumbres, y bajara a la cocina para no sé qué consulta doméstica con María. Al pasar por el patio, no pareció darse cuenta de mis cuadros, muy tiesos y erguidos sobre sus caballetes. Al rato inició el camino de vuelta. Salió de la cocina, caminó unos metros y...

—¿Qué hacen estos cuadros aquí? —se preguntó—. ¿Por qué no están en mi estudio? ¿Cuándo los habré pintado? No recuerdo muy bien. Ahora que lo pienso... —dijo mirando el retrato de Beatriz sonriente— yo tenía una idea, aunque parece que la he llevado a la práctica. No recuerdo.

Salí corriendo desde las escaleras para aclararlo todo. Esta vez no me importaba el castigo, ni siquiera el despido. Por mucho que se enfadara conmigo, no podía dejarle creer que esos cuadros eran suyos.

Se lo conté. Le dije toda la verdad, aunque me costara la calle. Le expliqué mi afición, crecida a su lado. Era sólo una especie de juego, confesé cabizbajo.

—Pues claro, Giacomo. ¿Qué otra cosa si no? —dijo, revolviéndome el pelo cariñosamente—. ¿Cómo crees que empecé yo, cabeza de chorlito?

—¿Lo comprendéis, maestro? ¿No estáis enfadado conmigo?

—Qué va, hombre, qué va —continuaba riéndose—. Sólo te pido una cosa: que te dediques a lo que te guste. Únicamente así disfrutarás trabajando y conseguirás obras bien hechas, responsables.

Era como mi padre, aunque hablaba de distinta manera. Me imagino que ya era hora de hacerle caso a alguno de los dos, pues ya iba teniendo mis añitos. Y, por aquello de la cercanía, decidí seguir los pasos de Leonardo.

A partir de aquel día, me sometió a duras sesiones de entrenamiento: perspectiva, claroscuro, sfumato, técnicas de composición... Que conste que yo tampoco me cruzaba de brazos: le llevaba varios bocetos cada día (¡con lo poco que me gustaba antes hacer deberes!), le suministraba modelos, me inventaba temas para sus nuevos cuadros, y le hacía unos platos de pasta para chuparse dedos y pinceles. ¿No veis? Obsesionado estaba ya con la pintura.

Y obsesionado seguí toda mi vida, muchos años después de que Leonardo se marchara de Florencia. Me llegaron noticias de que había muerto en Francia, en un pueblo llamado Amboise, y que no había dejado de pintar hasta el último segundo.

Gracias a él aprendí a desenvolverme en el mundo del arte. Todos decían que era un pintor famoso, aunque a mí no me movía ese propósito. Me bastaba con ser tan honesto y responsable como mi maestro, y con que no terminaran nunca el interés y la afición por lo que hacía. Creo que ésa fue la lección de Leonardo, quien, por cierto, se había marchado llevándose consigo casi todos los bocetos de los últimos años, de la maravillosa época Strozzi.

No le envidiaba, no. Se llevó los bocetos, pero yo conseguí quedarme con una de las modelos, Beatriz, a quien daba clases de pintura todas las tardes en compañía de su hermana Bárbara.

Vocabulario

Arquería: *Serie de arcos.*

Boceto: *En pintura, borroncillo en colores previo a la ejecución de un cuadro.*

Brocado: *Tela entretejida con oro o plata.*

Canciller: *Funcionario de alta jerarquía. Antiguamente era el secretario encargado del sello real, con el que autorizaba los privilegios y cartas reales.*

Columnata: *Serie de columnas que sostienen o adornan un edificio.*

Condottiero: *Nombre del general o cabeza de soldados mercenarios italianos y luego aplicado a los otros países.*

Curia: *Conjunto de abogados, procuradores y demás funcionarios y empleados en la administración de la justicia.*

Divina proportione: *Perfecta disposición de las partes de una cosa en relación al todo, o de cosas relacionadas entre sí.*

Humanismo: *Movimiento intelectual y cultural que centra su estudio en el hombre, redescubriendo a los clásicos, ya que éstos se dedicaron a la investigación del hombre como centro del mundo.*

Humanista: *Persona versada en humanidades, aplicado especialmente a los hombres de letras que revalorizaron la cultura clásica greco-latina en Europa durante los siglos XV y XVI. El humanista generó un movimiento de ideas nuevas que, para sus seguidores (implicó a traductores, profesores, libreros, impresores...), eran necesarias para el progreso. Una cualidad especial del humanista era la de ser polifacético, dedicándose con éxito a distintos quehaceres.*

Mecenas: *Persona poderosa que protege y apoya económicamente a literatos y artistas.*

Mercenario: *Soldados que forman parte de un ejército extranjero a cambio de un sueldo. Tropa que sirve en la guerra a un príncipe extranjero a cambio de un sueldo.*

Mito: *Fábula, ficción alegórica, especialmente en materia religiosa.*

Mitología: *Conjunto de dioses héroes y mitos de las religiones no cristianas, especialmente de la griega y la romana.*

Perspectiva: *Arte que enseña el modo de representar en una superficie los objetos, en la forma y disposición con que aparecen en la vista.*

Pórtico: *Lugar cubierto y con columnas que se construye delante de templos y edificios suntuosos. Galería con columnas a lo largo de una fachada o patio.*

Preceptor: *Persona que enseña. Maestro encargado de la educación de los niños de una casa.*

Retórica: *Arte de decir bien, de embellecer la expresión de los conceptos, dando al lenguaje escrito o hablado eficacia para deleitar, persuadir o conmover.*

Studia humanitatis: *Conjunto de las materias de estudio que se consideraban necesarias para conseguir la perfección del hombre (filosofía, técnicas comerciales, arte, danza, técnicas de la guerra, etcétera).*

ACTIVIDADES

Germán Vázquez y Purificación Moreno

Aclarando ideas

— *Empecemos con la típica pregunta: ¿Cuál de estos personajes existió en la realidad? Giacomo-Bárbara Strozzi-Leonardo da Vinci-Francesco-fra Jacopo.*

— *¿En qué ciudad se desarrolla la historia? ¿Cómo se llama el río que lo cruza?*

— *Relaciona con flechas los nombres de los edificios con su función:*

Rucellai	***Strozzi***	***Duomo***	***Della Signoria***	***Vecchio***
Puente	*Plaza*	*Palacio*	*Palacio*	*Plaza*

— *¿Qué clase de personas iban a las fiestas florentinas? ¿A qué edad se casaban los jóvenes?*

— *¿Podrías decirnos qué ideales guiaban la vida del maestro* Leonardo?

Sitúate

— *Localiza en un mapa de Italia las ciudades cuna del* Renacimiento: *Pisa, Florencia, Venecia y Roma.*

— *Generalmente si una persona se pierde lo primero que pregunta es: «¿dónde estoy? Por favor, ¿me podría indicar...?» Pues sí, te podemos indicar con esta cronología los acontecimientos más significativos del* Renacimiento:

S. XIII	Incremento de la actividad ... Prosperidad económica. Finales de siglo: se configura el Renacimiento *en las ciudades-Estado italianas de ...*
1378-1417	...de Occidente, *traslado de la curia a Avignon.*
1450	*La* imprenta *comienza a utilizarse en la ciudad alemana de ...*
1453	*Caída de ..., capital del* Imperio Romano de Oriente *en poder de los turcos otomanos.*
1492	*Finaliza la* Guerra de ... Cristóbal ... *descubre ...*
1494	Tratado de Tordesillas *entre ... y ...*
1500-1504	*Guerra entre ... de Francia y ... de Aragón por el reino de Nápoles,* Gonzalo Fernández de Córdoba, el Gran Capitán *vence a los franceses en* Ceriñola, el Garellano *y* Gaeta.
1517	Carlos, *nieto de los* Reyes Católicos, *es nombrado rey de Castilla.*
1519	Carlos *sube al trono del imperio alemán.*
1521-1526	*1.ª guerra entre ... de Francia y el emperador* Carlos *por Italia, 1525; Victoria española en ...*
1526-1529	*2.ª guerra entre Francia y España por Italia, 1527; ... de Roma.*
1538	*Fin de las guerras de Italia.*
1562-1563	Concilio de ...

— En la segunda mitad del siglo XV comienza a gobernar Florencia una familia que impulsa la creación artística e intelectual. ¿A qué familia nos referimos?

Recuerda

— Para empezar, ¿te animas a completar el cuadro que sigue?
La base económica de las ciudades italianas del Renacimiento *era a) ..., b) ... y c) ...*
Los conceptos claves del Humanismo *son el ... como centro del mundo, el culto a la belleza del ... y de la ...*
Los ideales del hombre renacentista son ...
Los renacimientos buscaban su inspiración en los autores de la ...
Los sabios de la época estaban al tanto de las nuevas ideas porque se reunían en ...
Un invento, la ..., facilitó la difusión de las ideas renacentistas.
El Renacimiento *italiano se divide en dos etapas: a) ... y b) ...*
Una aportación importante a la astronomía: ...
Otra aportación clave al estudio de la medicina: ...
La reforma religiosa fue llevada a cabo por ... y recibe el nombre de ...
Cita dos ideas importantes de la Reforma: *1.ª) ..., 2.ª) ...*

— En el Renacimiento *hubo una gran actividad artística, tanto el campo literario, como en el arquitectónico, o el pictórico. Relaciona con flechas nombres y obras.*

Bramante	La Escuela de Atenas
Petrarca	El Cortesano
Brunelleschi y Ghiberti	Retrato de Carlos V
Boccaccio	El Príncipe
Castiglione	Iglesia de Santa María del Fiore
Rafael	Cancionero
Leonardo da Vinci	El Decamerón
Maquiavelo	La Gioconda
Tiziano	Basílica de San Pedro
Tintoretto	Lavatorio
Miguel Angel	El Juicio Final

Piensa y compara

— Lee los dos poemas de la sección Un poco de documentación. *El primero es de la* Edad Media *y el segundo del* Renacimiento. *Compara su temática y concepto de la existencia.*

Y tú... ¿qué opinas?

— Ya sabes que en el Renacimiento *los humanistas se reunían para intercambiar opiniones e ideas. Hoy en día, ¿existen ese tipo de reuniones? Otra pregunta: ¿te has sentado alguna vez a hablar de temas serios? Esta última cuestión más que una opinión, pide una reflexión. La comunicación es lenguaje, el cual nutre el pensamiento,*

que a su vez desarrolla al ser humano. Analiza tu forma de hablar y tu nivel de comunicación. ¿Qué cosas interesantes aprendes de tus «colegas»?

Hablémoslo entre todos

— Leonardo da Vinci *ha sido uno de los personajes más geniales de la historia. Fue artista, ingeniero, anatomista y otras muchas cosas. Este intento de abordar las más diversas ciencias era común a todos los humanistas; por ejemplo, el español* Miguel Servet *dominó conocimientos tan dispares como la medicina, la teología y la geografía. Los investigadores de nuestro tiempo se especializan en un campo científico determinado, es más, se superespecializan. Así, no existen biólogos, sino bacteriólogos, ingenieros genéticos, etc. Desde el punto de vista del desarrollo de la sociedad, ¿la especilización es positiva o negativa? Desde el punto de vista de la formación personal, ¿la superepecialización enriquece o empobrece a la persona? ¿Se puede llegar a un punto intermedio? ¡Ojo! No vale decir «sí» o «no». Hay que exponer razones.*

Hazlo tú mismo y diviértete

— *Sería harto complicado mandarte construir una imprentilla, puesto que, se necesitarán cientos de tipos. Sin embargo, algo tendrás que aprender del arte de la impresión, porque fue una actividad clave para la difusión del pensamiento renacentista. Por eso, lo más práctico y cómodo será que imprimas un* grabado. *¿Y cómo se hace? Muy sencillo: toma una plancha de linoleo, madera u otro material y dibuja el motivo que quieres reproducir; luego, con instrumentos adecuados a cada tipo de material, rebaja las líneas del dibujo. A continuación, extiende tinta sobre la plancha, coloca sobre ella una hoja de papel, pasa un rodillo por encima, y ya está. ¡Un magnífico grabado!*

Va de lenguaje

— *Describe la figura de* la Gioconda, *así como las trajes que utilizó* Giacomo *en las distintas fiestas.*

— *El pensamiento del* Renacimiento *se puede sintetizar en una serie de palabras:* mecenas, condottiero, antropocentrismo *y* libro. *Busca su significado y anótalo en tu cuaderno-diccionario.*

— *La autora del cuento emplea un lenguaje anacrónico, es decir, pone en boca de personajes que vivieron hace muchos siglos refranes y dichos que no sólo son actuales, sino que además no son italianos. Busca los más llamativos.*

Sabes que...

— Leonardo da Vinci, *además de ser un artista genial, fue un gran ingeniero e inventor que entre otras cosas: perfeccionó el sistema de exclusas de los canales, diseñó un* «tornillo aéreo» *que fue el precursor del moderno helicóptero, concibió un modelo de tanque, e ideó una especie de paracaídas.*

— *¿Y sabes que por lo menos uno de sus artilugios funciona? Pues sí, en la primavera de 1989 un oficial de la* Royal Air Force *británica llamado* Rory Underwood *hizo realidad el sueño de Leonardo: volar con las alas que el sabio italiano diseñó.*

— *En 1967 se descubrieron en la* Biblioteca Nacional de Madrid *dos gruesos manuscritos de* Leonardo *con un total de 700 páginas y 201 dibujos sobre temas de aviación, arquitectura e ingeniería mecánica.*

— Leonardo *escribía de manera diferente a la usual. En lugar de hacerlo de izquierda a derecha, escribía a la inversa, o sea, de derecha a izquierda.*

— *Los humanistas volvieron a poner de moda la costumbre de dejarse crecer la barba y el bigote.*

— *Las colas de los vestidos de novia de la época podían llegar a medir 25 m. de largo.*

— *El primer espejo de vidrio fue construido en 1507 por dos artesanos de la ciudad italiana de Murano, llamados* Domenico *y* Andrea.

— *Los rostros de los personajes de la* Capilla Sixtina *reproducen los rostros de parroquianos de las tabernas romanas.*

Investiga

— *La cultura grecorromana fue la fuente de inspiración del* Renacimiento. *¿Qué sabes sobre ella? Investiga.*

Te sugerimos

— **Video/cine.** *Películas inspiradas en obras literarias del* Renacimiento *o en hechos históricos hay muchas. Te recomendamos una:* Romeo y Julieta, *inspirada, naturalmente, en la obra de Shakespeare.*

— **Museos/exposiciones.** *En cambio, sí creemos recomendable una visita al* Museo del Prado *de Madrid, la mayor y mejor pinacoteca del mundo. Sus colecciones de pintura renacentista son algo digno de comtemplarse. ¡Ah, por cierto! Si alguna vez vas a París, no olvides ver* La Gioconda.

— **Viajes/excursiones/paseos.** *En España, hay magníficos edificios renacentistas: la fachada de la* Universiad de Salamanca, *el* Alcázar de Segovia *y, sobre todo,* el Monasterio de San Lorenzo de El Escorial *(Madrid), magnífico ejemplo del estilo* herreriano. *Por supuesto, hay muchísimas más joyas del* Renacimiento español. *Infórmate y visítalas. Pero, claro está, lo propio es ver* Florencia, *una ciudad tan bella que ha merecido de la* UNESCO *el calificativo de* «Patrimonio de la humanidad». *Mucho hay que observar en* Florencia; *la* Catedral de Santa María del Fiore *con el* Campanario *de* Giotto *y el* Batisterio, *el* Barrio Dante, *la* Plaza de la Señoría, *auténtico museo al aire libre y otros muchos museos y edificios. En fin, para que lo sepas todo sobre* Florencia *te recomendamos que antes de planear el viaje te pongas en contacto con el* ENIT Organismo Oficial Italiano para el Turismo *(c/. Alcalá, 63. 28014 Madrid). Allí te darán gustosamente cuanta información necesites.*

Para saber más

— *¿Adivinas qué libros te vamos a recomendar? ¿No? Pues está muy claro: el* Sueño de un noche de verano *y* Romeo y Julieta, *de* William Shakespeare; *la* Divina Comedia, *de* Dante; *y* La Celestina, *de* Fernando de Rojas. *No protestes. Hay versiones «light» en las librerías.*

Un poco de documentación

a) *Todos cuantos vivimos que con pies andamos*
tanto los que prisión o en lecho yacemos,
todos somos romeros que camino andamos;
San Pedro dice esto por él os lo probamos
Cuanto aquí vivimos, en ajeno moramos;
la mansión eterna arriba la esperamos,
la nuestra romería entonces la acabamos
cuando al paraíso las almas enviamos.
(Milagros de Nuestra Señora, *de* Gonzalo de Berceo)

b) *En tanto que de rosa y azucena*
se muestra la color en vuestro gesto,
y que vuestro mirar ardiente, honesto,
enciende el corazón y lo refrena,
y en tanto que el cabello, que en la vena
del oro se escogió, con vuelo presto,
por el hermoso cuello blanco, enhiesto,
el viento mueve, esparce, y desordena:
Coged de vuestra alegre primavera
el dulce fruto, antes que el tiempo airad
cubra de nieve la hermosa cumbre,
Marchitará la rosa el viento helado,
todo lo mudará la edad ligera,
por no hacer mudanza en su costumbre.
(Soneto XXIII, *de* Garcilaso de la Vega)

PUEBLOS Y GENTES

Títulos publicados

1. **EL ANTIGUO EGIPTO**
   Federico Lara Peinado
   Ilustraciones de Alicia Cañas
2. **LA ESPAÑA ROMANA**
   Fe Bajo Alvarez
   Ilustraciones de Juan Manuel Cicuéndez
3. **LA GRANADA NAZARITA**
   Jesús Avila Granados
   Ilustraciones de Marina Seoane
4. **LOS AZTECAS**
   Germán Vázquez y Purificación Moreno
   Ilustraciones de Marina Seoane
5. **EL RENACIMIENTO**
   María Antonia Sánchez-Vallejo
   Ilustraciones de Angel Esteban
6. **EL DESCUBRIMIENTO DE AMERICA**
   Germán Vázquez Chamorro
   Ilustraciones de Felipe Jiménez de la Rosa
7. **LA ESPAÑA DEL BARROCO**
   Marisa Muñoz
   Ilustraciones de Felipe Jiménez de la Rosa
8. **LA REVOLUCION FRANCESA**
   José María Solé Mariño
   Ilustraciones de Alicia Cañas
9. **LA REVOLUCION INDUSTRIAL**
   José María Solé Mariño
   Ilustraciones de Angel Esteban
10. **LA SEGUNDA GUERRA MUNDIAL**
    David Solar Cubillas
    Ilustraciones de Juan Manuel Cicuéndez